あなたが
部下から求められている
シリアスな50のこと

濱田秀彦

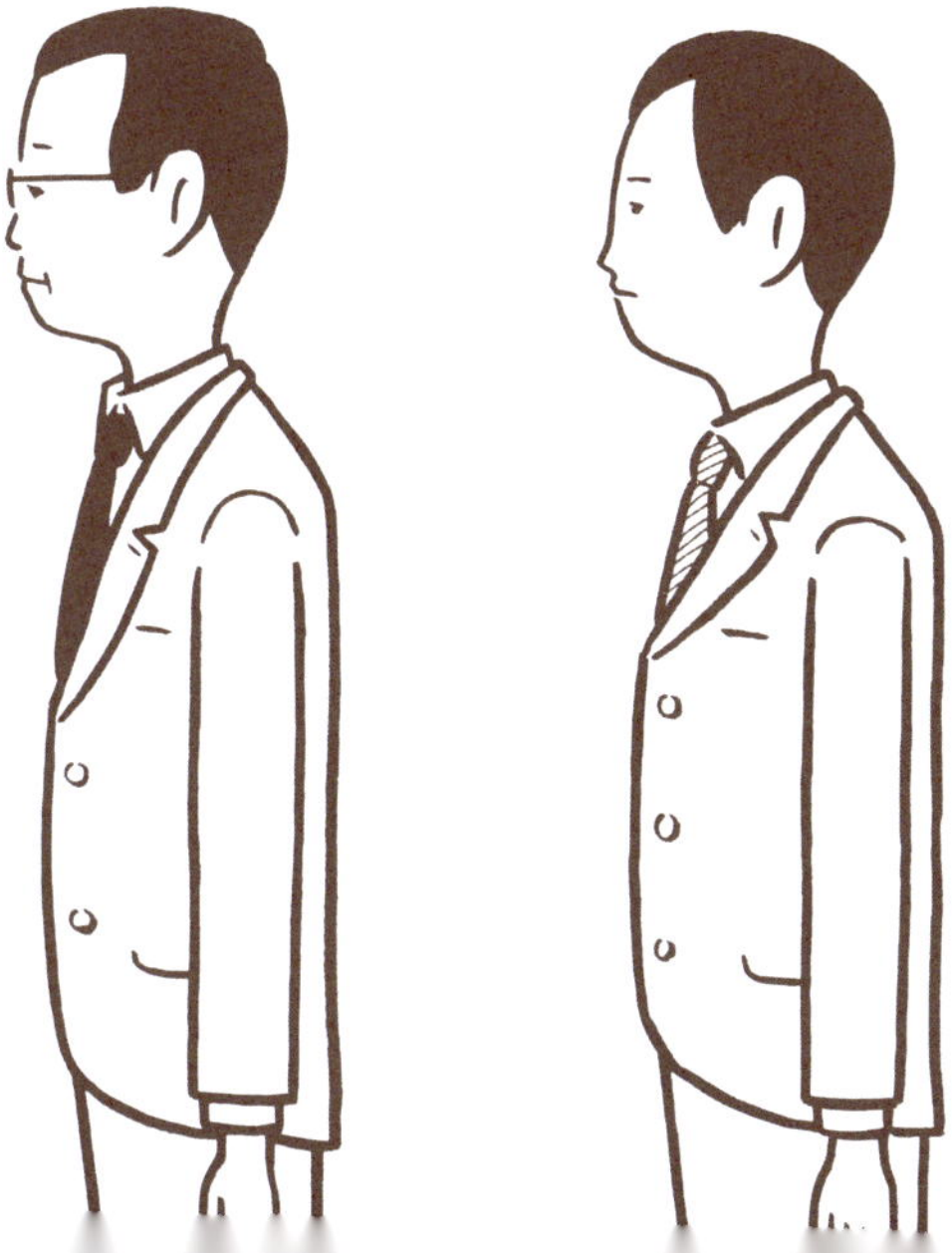

実務教育出版

はじめに

部下が上司である自分に何を求めているかを知るのは、意外に難しいものです。部下に対し「オレに何を求めているの？」と聞くのも変ですし、あれこれと勝手な要求ばかり並べられたら後が面倒です。

そもそも聞いたところで、ホンネを話してくれるとは限りません。むしろ、部下は「下手なことを言って上司批判と思われるとまずい」と思うでしょう。以前は、ホンネを聞き出せる場として、アフターファイブの〝飲みニケーション〟がありました。でも、いまはそういう席が少なくなりました。部下が自分に期待していることをホンネのレベルで聞ける機会が減ってしまったのです。

最近では、部下も上司を評価する「360度評価制度」を導入している企業もあります。そういう制度があれば、部下が期待していることを把握できますが、導入済みの企業は少数です。**ほとんどの上司は、部下が求めていることを知らないままマネジメントをしているのです。**

例を挙げましょう。私は企業研修の講師をしています。企業内で階層別に行う研修がメインです。これまで７０００人の管理職、１万人の部下と接してきました。その中には、上司・部下の関係の方が数多くいました。

通常は、先に管理職研修で上司とお会いします。ある上司は自分の職場を「困ったことは、なんでも相談できる職場にしたい」と言っていました。次に、その部下たちと中堅社員研修でお会いしました。部下の方々は自分の職場について「上司がいつもいないので、相談したくてもできない」と言い、上司にもっと席にいてほしいと望んでいました。**上司が実現したい職場作りの最大の障害は、他ならぬ自分自身だったのです。**「親の心子知らず」ならぬ、「部下の心上司知らず」といった状況です。

私は、このような例を数えきれないほど見てきました。その中で気づいたのは、部下が望んでいることは会社の規模、業種、業態が異なっても、ほぼ同じだということです。さらに言えば、それは営業、製造、開発、総務、経理など職場が異なってもほぼ同様です。ならば、**部下が上司に求めていることを管理職の皆さんにお伝えすれば、マネジメントのプラスになる**のではないか、と考えて本書の執筆に至りました。

ただ、部下側の要望の中には、明らかに自分勝手なものも多々あります。すべて言う通りにしていたら、職場はメチャクチャになります。

そこで、本書では部下側の要望を記すだけでなく、それを管理職としてどう受け止め、どう対処していけばよいのかという点を加え、**部下の気持ちを把握し、最適なリーダーシップの発揮、マネジメント行動に結びつけること**を意識して構成しました。**目的は部下好みの上司になることではなく、優れた管理職として高い目標を達成していくチームを作ること**です。

本書には、私が研修で出会った1万人の部下の方々のナマの声が反映されています。セミナールームの中で聞いた話だけでなく、懇親会でお酒が入った状態で聞いた話、中には偶然聞こえてしまったような話もあります。

また、部下の皆さん向けに**『あなたが上司から求められているシンプルな50のこと』**という本を出したところ、「部下である自分たちの言い分も聞いてほしい」という声とともに、上司への注文が数多く集まりました。それらの「部下が上司に期待すること」を整理してみると、大きく次の4つに分けられます。

1つ目は、「ひとりの人間として尊敬できる人であってほしい」ということ。

2つ目は、「マネジャー、プレイヤーとしてデキる人であってほしい」ということ。

3つ目は、「働きやすい職場を作ってほしい」ということ。コミュニケーションをはじめとする、仕事がしやすい環境作りに関することです。

そして最後は、「伸ばしてほしい、育ててほしい」ということ。部下の立場としては当然求めたいものです。

本書では、この4つを**「人間力」「仕事力」「職場力」「育成力」**という言葉に集約し、1章から4章に整理しています。

つい、この前までは部下の立場だったのに、その時に感じたことはすっかり忘れてしまうのが上司というもの（私もそうでした）。

そんな上司の皆さんに、改めて部下が求めていることを知ってもらい、マネジメントに活かしてほしいと思っています。

部下の声の中には、リーダーシップ、チーム運営のヒントが数多く含まれています。また、部下のモチベーションを向上させ、成長を促進するためのカギも部下の声の中にあります。それを知り、適切に対応することがマネジメントのプラスになるのです。

本書、および前著『あなたが上司から求められているシンプルな50のこと』が広がりがちな上司と部下の溝を埋める一助となることを願っています。ゴールは、上司と部下ががっちりとスクラムを組み、困難な問題を乗り越え大きな成果を上げていく、そんな職場を実現することです。

では、部下たちの声を聞いてみましょう。

contents

あなたが部下から求められている
シリアスな50のこと

はじめに……002

第1章

人生の先輩として尊敬される「人間力」

no.01 上に強い人でいてほしい……015
no.02 ピンチの時に動じないでほしい……019
no.03 自分に厳しい人でいてほしい……023
no.04 器が大きい人でいてほしい……026
no.05 気分の良し悪しを仕事に持ち込まないでほしい……030
no.06 「オレに任せろ」と言ってほしい……033
no.07 ブレない姿勢を示してほしい……036
no.08 顔が広い人でいてほしい……039
no.09 余裕のあるところを見せてほしい……043
no.10 仕事に情熱を燃やしてほしい……047
no.11 オシャレでいてほしい……050
no.12 「責任はオレが取る」と言ってほしい……053

第2章

マネジャーとして仕切り、プロとして実行する「仕事力」

no.13 先見性を持ってほしい……059
no.14 ビジョンを示してほしい……063
no.15 妥当な目標を設定してほしい……067
no.16 任せる範囲を明確にしてほしい……071
no.17 指示は具体的にしてほしい……075
no.18 早く判断してほしい……079
no.19 納期の前に急かさないでほしい……083
no.20 他部署とうまく交渉してほしい……085
no.21 ITスキルを上げてほしい……089
no.22 部下の業務の専門知識を持ってほしい……092
no.23 ひとりのプロフェッショナルとしての仕事ぶりを見せてほしい……096

第3章 メンバーが働きやすい環境を整える「職場力」

no.24 もっと席にいてほしい……101
no.25 じっくり話を聞いてほしい……104
no.26 挨拶を返してほしい……108
no.27 しつこく報連相を求めないでほしい……110
no.28 隠し事をしないでほしい……114
no.29 忙しい理由を知らせてほしい……117
no.30 わかりやすく話してほしい……119
no.31 公平にしてほしい……121
no.32 それぞれの立場を理解してほしい……124
no.33 頑張りを上にアピールしてほしい……127
no.34 みんなで決めたことをひっくり返さないでほしい……130
no.35 フェイスブックに「友達申請」しないでほしい……133
no.36 女性をうまく使ってほしい……136
no.37 ピンチヒッターができてほしい……138
no.38 ルールを破る者をきちんと注意してほしい……141

第4章 部下をやる気にさせ、次のステージへといざなう「育成力」

no.39 ほめてほしい。認めてほしい …… 147
no.40 叱ってほしい …… 151
no.41 ねぎらってほしい …… 154
no.42 やる気にさせてほしい …… 157
no.43 信用して任せてほしい …… 161
no.44 仕事全体を見て評価してほしい …… 164
no.45 個性を尊重してほしい …… 168
no.46 期待をはっきり伝えてほしい …… 172
no.47 もっと仕事を教えてほしい …… 176
no.48 計画的に指導してほしい …… 180
no.49 チャンスを与えてほしい …… 183
no.50 きちんとコーチングしてほしい …… 185

おわりに …… 187

デザイン：中村圭介／吉田昌平（ナカムラグラフ）
イラスト：Noritake
ＤＴＰ：明昌堂

第1章 ／ 人生の先輩として尊敬される「人間力」

第1章は「人間力」です。

部下は上司に人間的に優れていることを求めます。「中身も外見も格好いい上司でいてほしい」という声が数多くの部下から聞こえてきます。

本章に出てくる理想の上司像は、強くて大きい、余裕を持った存在。つまり職場のゴッドファーザーのようなものです。

しかし、多くの上司は弱いところもあるひとりの人間です。部下の期待に、精神論だけで対応しようとすると辛い話になります。

そこで、本章では部下の期待を的確に知ることから始めます。部下の話をよく聞くと、必ずしも完璧な人間を求めているわけではありません。「ここだけは！」というツボさえ押さえればよいことも、数多くあります。

そして、部下からの期待に対して精神論だけでなく、行動やスキルで対応する方法も提示します。

目的は、部下の求める上司になることではありません。上司として人間的に成長した結果、部下の理想像と一致していく。そんなストーリーを目指します。

no. 01

上に強い人でいてほしい

最も多くの部下が上司に願うこと

部下の皆さんの要望を聞く中で、最も多かったのが「上に強い上司でいてほしい」ということでした。部下の皆さんは、次のように不満げです。

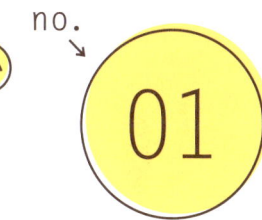

「ウチの課長は、部長や役員の言うことはなんでも受けて、自分たちにおろしてくるんです」

「上の顔色をうかがってばかりで、何も決めてくれないんです」

「私の部署で作った提案は、上司が上に弱いから会社にまったく通りません」

自分たちの仕事に直接関係することだけに、それだけ切実なのでしょう。読者である上司の皆様にも、理解できると思います。

ただ実際のところ、上に強いというのは簡単に実現できるものではありません。性格的なものもありますし、急に強気になれと言われても無理な話です。また、管理職も組織人です。上の意向に従う必要があります。

とはいえ、上に強い姿を見せないと、部下の信頼を得られないことも確かです。

ここは対処法を考えましょう。

上に強い人は何をしているのか？

自分より上の立場の相手に強く出ることのできる管理職には、共通した特徴があります。それは、**上位職者との信頼関係を築いた上で交渉力を発揮している**という点です。

信頼関係を築くためには、継続的な実績を作るのが一番です。上にとって、実績をあげてくれる管理職は頼りになるもの。これは積み重ねていくしかありません。

そして、実績に加えて**定期的にコミュニケーションをとり、ふだんから意思疎通を**

しておくことが必要です。そういう関係があってはじめて強く出てよいのです。信頼関係がない状態で強く主張しても意見は通りにくく、単に扱いにくい管理職と思われるだけです。

もう1つ、**上との交渉で重要なのが先手を打つこと**です。例えば、新年度は部下の不満が高まる時期です。この時期に新しい経営方針が出され、組織や仕事の役割分担の見直しが会社主導で行われます。その際、上司が会社の指示を丸のみしておろしてくると、部下は不満を抱きます。なぜなら、たいていは自分たちにとって負担増になるようなものだからです。

そのような状況を防ぐためには先手を打つことが有効です。例えば課長の場合、新方針が出される前の段階で、上位職者である部長に「自分の課の来期の方針と活動の概要」を提示します。これから出て来る新方針との調整をしておくわけです。部分的であっても、自分たちのやりたいことに対するお墨付きがもらえるかもしれません。

また、前もって働きかけることで新方針に関する情報が入れば、事前に準備もできます。しかも、この活動は管理職としてまっとうなものであり、反逆でも部門エゴのゴリ押しでもありません。こういうことができる能力を「ポリティカルスキル（政治力）」と言います。何もせずに新方針と指示が出るのを待ち、それを「上がそう言っているからやるしかない」と下におろすのとは大違いです。

これは新年度の方針に限った話ではありません。何事も先手を打って仕掛けていけば、上の希望とチームの立場の折り合いをつけることができますし、こちらからの提案が通りやすくなる土壌を作れます。それは、チームと部下にとってもよいことです。

上としっかりとした信頼関係を作り、先手を打って仕掛けていく。そんな姿を見れば、部下は上に弱いとは思いません。

memo

上に強くなるには、上との信頼関係、交渉力が必要。交渉は先手を打つ。

no.
02
ピンチの時に動じないでほしい

いざという時の姿を部下はしっかり見ている

どんな職場にもピンチは訪れます。クレームや超短納期の仕事、土壇場の変更、大きな環境変化、メンバーの離脱など、慌てる状況になることは必ずあります。そんな時、部下は上司がオロオロする姿を見たくないものです。

システム会社で開発を担当する若手社員から、次のような話を聞きました。納品した中規模のショッピングサイトのシステムが止まってしまいました。長時間止まればその間の売上はゼロになり、最悪の場合は損害賠償になってしまいます。

システムの保守担当者では原因がわからず、開発に関わった5名のメンバーが他の仕事をストップして復旧にあたりました。しかし、なかなか原因がわかりません。そのうち、上司が「まずい。非常にまずい。このままいくと損害賠償になる……」とオロオロし始めました。だんだんイライラしてきた上司は、懸命に対応しているメンバーに「まだわからないのか？　いつまでかかるんだ？」と話しかけて作業の邪魔をし、挙句の果てには「損害賠償になったらどうするんだ！」と声を荒げる始末。若手社員は、「前の上司だったらこんなことはなかったのに」と思いました。このような時、かつての上司は「大丈夫だ。落ち着いて1つ1つ確実に作業しろ。最後の最後は再インストールすればいい」と決して動じる姿は見せなかったのに。

幸いにもショッピングサイトは半日程度で復旧し、大事には至りませんでした。その日の夜、メンバーは密かにお疲れ会を開き、口々に「もう、あの人の下では働きたくない」と言っていました。

いざという時、オロオロする上司とデンと構えている上司では、印象が大きく異なるものです。読者の皆様は、ピンチに強いほうでしょうか？　この例のような情けない上司ではないと思いますが、ピンチの時に平静でいるのはなかなか難しいもの。どうすればよいか、考えてみましょう。

ピンチの時に動揺しないための具体策

ピンチの時に動じない人は、「仕事で修羅場を何度もくぐっている」「ビジネスやプライベートでどん底の場面を体験している」「大病などで生死の境をさまよったことがある」など、大きな困難を乗り越えた経験のあることが多いもの。とはいえ、ピンチに強くなるために、そういう体験をしましょうとは言えません。

ここは、メンタル面とスキル面に分けて考えてみます。メンタル面では、最悪の想定が役に立ちます。**このピンチは最悪どこまでいくのか、ということが見えれば落ち着けます。**先の例では、ショッピングサイトの損害賠償が発生し、上司として責任を取って降格ぐらいがMAXでしょう。ショッピングサイトが止まっても、誰も死にません。そう考えて、まずは自分を落ち着かせることです。

スキル面では、対応力を上げれば慌てなくなります。具体的には、問題が発生する前段階の「転ばぬ先の杖」と、問題発生時の「プランB」です。先の例で転ばぬ先の杖にあたるのは、事前にシステムが停止した場合の業務体制やチェック手順などを準備し、予行演習を実施しておくことが該当します。

プランBとは、問題が発生した際に上司が「いまの作業がうまくいった場合のプランA」の他に、**「いまの作業がうまくいかなかった場合のプランB」を考えておくこと**です。先ほどの例でいうと、プランAは「原因がわかり、修復できたらサイトを起動する」であり、プランBは「復旧がうまくいかない場合は再インストールする」といったことです。

このように2つのシナリオを描き、判断のリミットタイムを設定する。それらを関係者に連絡し、情報を共有させておくのが上司の役目。対応力は、転ばぬ先の杖とプランBを実践することで上がります。

memo

ピンチに強くなるためには、最悪の場合の想定をする。あわせて「転ばぬ先の杖」、問題発生時の「プランB」を実践する。

no. 03

自分に厳しい人でいてほしい

あなたは部下という名の監視カメラで見張られている

「仕事の効率を上げろ」と言いながら、自分はどうでもよい内容の長電話。「仕事は最後まで責任を持ってやれ」と言うくせに、自分はクレームを部下に振って知らぬふり。「会議は集合時間厳守！」と言いながら、自分は遅れて来る。

このような周りに厳しく自分に甘い上司を見る部下の目は冷徹です。その厳しさは、上層部の比ではありません。ある意味、上司は部下と同じ数の監視カメラで見張られているようなものです。ある部下の方は、「ウチの上司は、仕事中にパソコンでゴルフのサイトを見ています。気づかれていないと思っているらしいけど、部

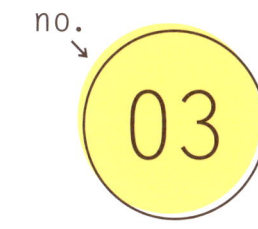

下はみんな知っていますよ」と言っていました。部下という名の監視カメラの性能は、相当高いようです。

ただ、上司も人間ですので、仕事中に趣味に関する情報をネットでチラ見したい誘惑にも駆られます。そんな時は、部下の存在を思い出して歯止め策にするとよいでしょう。

部下への要求は自分も実践する

「自分に厳しく」という部下の要望の中で、特に目立ったのが「部下に要求することとは、自分も実践してほしい」ということです。これは当然でしょう。部下に求めるものは、自分も守る。自分が守れないことは、部下に要求しない。

しかし、上司がいくら自分に厳しくしていても、守れないことは出てきます。例えば、あなたがいつも部下に納期を守るように求めていたとします。ある時、部下の案件でイレギュラーな業務処理をしなくてはならないケースが発生しました。あなたは、「今週中に、会社の了解をとっておくから少し待ってくれ」と部下に言いました。ところが、社長が急な出張に出てしまい、今週中の決裁が不可能になりました。いつも「部下に納期を守れ」と言っているあなたが、納期を守れなくなったのです。こんな時、どうしますか？

こういう時は、部下に「すまない。納期遅れだ。来週の月曜まで待ってくれ」と素直に謝罪します。それをしないと、部下は「オレたちだけに要求しておいて、自分は遅れても知らん顔だ」と思ってしまいます。

部下に要求すべきことは堂々と要求し、自分は99％守る。そして、**守れない1％の際には小さなことでも謝罪する。** そういう対応でいきましょう。

memo

部下に見られていることを意識して自分を律する。
部下に要求することは自分も99％守る。守れない時は潔く謝罪する。

no.

04

器が大きい人でいてほしい

そもそも「器が大きい」「包容力」とは？

「器が大きい」「包容力」は、部下の皆さんが上司への期待としてよく口にする言葉です。しかし、これらが具体的に何を求めているのかはあいまいです。

器の大きさの指す意味は相当幅が広そうです。部下同士のこんな会話を聞いたことがあります。ひとりが「上司は失敗を許せる度量を持ってほしいよね」と言い、もうひとりが「そうだね。下の人間から耳の痛い話をされても、きちんと対応するのがいいよね」と言います。そして、ふたりは「やっぱり人間の器の大きさが大事だよね」と共感します。同じようなニュアンスで「懐の深さ」と言う人もいて、いったいどう期待に応えればよいのかよくわかりません。

また、包容力は女性の部下の皆さんがよく使う言葉です。その中身を聞いても、「大きな心で」「いつも穏やか」「時にはワガママな言い分も聞いてくれる」などのように漠然としています。「父親や彼氏じゃないんだから」と言いたいのを抑え、「具体的にはどういうことですか?」と深堀りしても、「フィーリングで言っているので言葉ではうまく説明できません。女性はだいたいそうだと思いますよ」といった答えが返ってきます。

このように意味は人それぞれで、よくわからないのが器の大きさや包容力の話です。しかし、それを求めている人は、確実に存在します。それも多数。では、どう応えていけばよいのか考えてみましょう。

まずは、部下を受け入れることから始めよう

部下の皆さんが求めることの共通点は、受け入れてくれる上司がいいということです。マイナスの要素も含めて、相手を受け入れる心の広さを求めているわけです。

確かに、それは管理職に必要なことです。よいところも悪いところも含めて、部下をひとりの人間として受け入れる姿勢を持ちたいもの。そのために、まずは自分自身、よいところも悪いところもあるひとりの人間だと自覚しましょう。

気をつけなくていけないのは、管理職として「そうかそうか。それは仕方ない」となんでも許すわけにはいかないということです。正しくないことは、しっかり指導する必要があります。それに、**部下はなんでも許すだけの上司を「器の大きい人」「包容力のある人」とは見ないもの。**人間的には受け入れつつ、個々の仕事の局面では必要な指導をするのが基本スタンスです。

ネガティブな話の聞き方

少し細かい話ですが、部下は上司の聞き方で「受け入れられている」「受け入れられていない」を判断する傾向があります。例えば、クレームの報告や部下の失敗、職場や上司に対する苦情、時にはグチなど、ネガティブな要素を含む話を「そうかそうか」と穏やかな表情で聞いてくれる上司を求めています。部下はこのような**ネ**

ガティブな話の聞き方で、上司の器の大きさや包容力を判定しているのです。
ただ、これらは部下目線の話であり、上司目線からすると甘えているように感じられます。対応として、「最初は」受容的に聞くということでよいでしょう。ネガティブ要素の入った話こそ、最初は丁寧に聞く。そして、見過ごせない点はきちんと指導する。大切なことは、丁寧に聞いた後で、ということです。

memo

相手をひとりの人間として受け入れる。ネガティブな要素を含んだ話ほど、まずは丁寧に聞く。

no. 05

気分の良し悪しを仕事に持ち込まないでほしい

メリットのない「気分」という要素

「ウチの上司は気分屋で困るんですよ」と言う部下の方が少なからずいます。こう言われる上司は2つのタイプに分かれます。1つは本当の気分屋タイプ。もう1つは自分の態度で職場の雰囲気をコントロールしようとするタイプです。

本当の気分屋は部下にとって迷惑な存在です。上司の気分しだいで判断の基準が変わるのですから、仕事がやりにくくて仕方ないでしょう。

態度で職場の雰囲気をコントロールするというのは、例えば、職場が弛緩《しかん》してイージーミスが多発するようになると、「引き締めなくてはいけない」と厳しい管理者オーラを出し、少し部下が委縮していると感じると、明るく気さくな管理者オーラを出すようなやり方です。

しかし、残念ながらその思いは部下には届きません。引き締めるために厳しさを打ち出しても、「最近、課長カリカリしてるよね。上から数字を詰められてイライラしてるんじゃないの」と受け止められるだけです。空気を和らげようと気さくに接しても、「最近、課長はひとりではしゃいでるよね」とやはり理解されません。部下にとっては本当の気分屋、あるいは演出のどちらにしても影響は同じで、敬遠したくなります。

感情のコントロールの仕方を身につけよう

「上司は気分屋だ」と思うと、部下は常に顔色を見るようになります。機嫌が悪いと感じると、クレームの話など悪い報告はして来ません。その結果、手を打つのが遅れれば被害が拡大します。また、機嫌がいいと感じると、この時とばかりに依頼事項を持ち込みます。そうなると、上司の仕事量にもムラが出てしまいます。

さらに問題なのは、**部下に指導をしても「自分が悪いのではなく、上司の機嫌が悪い」と思われてしまう**ことです。そして、「自分たちは上司の機嫌にいつも振り回されている」という被害者意識を抱きます。何もいいことはありません。演出でしている方は、すぐにやめたほうがよいでしょう。

本当の気分屋の方は、感情のコントロールをするとよいでしょう。**感情コントロールの簡単な方法は、鏡を見ること**です。いまの自分の感情を客観的に把握できる効果が、心理学的に裏付けられています。

「上司は感情を表してはならず、いつも能面のような表情でいるのがよい」という話ではありません。気分で仕事をしていると思われなければよいのです。

memo

気分屋と思われると、仕事がしにくい。時々鏡で自分の表情をチェックしてみる。

no.06

「オレに任せろ」と言ってほしい

ウソでもいいから聞きたいセリフ

部下にとって、上司は頼もしい人でいてほしいもの。例えば、部下が「今回のクレームでお客さんと社内の両方を説得しなくてはならず、解決の糸口がつかめません」と相談した時、上司から「社内の説得はオレに任せろ。君はお客さんを説得することに全力をあげてくれ」といったセリフを聞きたいのです。「ウソでもいいから、たまにはそんなセリフを言ってほしい」とまで言う部下もいました。

そこまで切望されているのに、最近の上司は「オレに任せろ」とは言わない傾向があります。「プレイングマネジャーだから、なるべく実務を減らしたい」「任せろと言っておいてダメだったら、格好悪いことになる」など言い分は様々です。それは理解できるのですが、たまには言ったほうがよいことも確かです。

「任せろ」と言わない人は、そもそも自分のボキャブラリーにそのセリフがありません。本来「任せろ」と言ってもよさそうな場面でも、「それはこっちでやっておく」というような言い方をします。言われたほうとしては**「任せろ」だと頼もしく、「それはこっちでやっておく」だと事務的な感じがする**もの。ずいぶんと受け取り方が違います。

仕事の取り組み方に影響を与える言葉

部下に「オレに任せろ」と言うことで、自分自身の仕事への取り組み方も変わってきます。口に出すことで自分へのプレッシャーが高まり、仕事に力が入るようになります。実は、部下が本当に求めているのはその姿なのです。部下にとって、上司が自分の仕事の一部に関わってエネルギーを注いでくれることは、負担が減るという現実的な支援であるだけでなく、心強さという精神的な支援にもなります。

本来は、部下の負担を一部引き受けて精神的な支援もしようという使命感から、自然に「任せろ」という言葉が出てくるのが正しい姿です。ただ、これまで「任せろ」と言い慣れていない方には、きっかけも必要です。そのきっかけが、「こっちでやっておく」を「任せろ」に変えていくということ。そうしているうちに習慣になり、ホンモノの頼れる上司になっていく。それが真のゴールです。

なんでもかんでも「任せろ」と言えないことはわかっています。でも、時には言ってみましょう。特に部下がピンチの時には。

memo

「それはこっちでやっておく」を「これは、任せろ」と言い換える。それをきっかけにしてホンモノの頼れる上司になっていく。

no. 07

ブレない姿勢を示してほしい

部下は上司の立場がわからない

部下の方から「ウチの上司はしょっちゅうブレるんですよ」という話をよく聞きます。この「ブレる」という言葉の裏には、「優柔不断」という意味があります。ただ、これに関しては上司が気の毒な面もあります。経営方針や事業部の方針など、上位方針が変われば当然その影響を受けます。また、仕事をしていれば様々な外部環境の変化があり、変えたくなくても変えざるを得ない場面も出てきます。

部下は、そういう立場も考えずに「ブレた」と言うのです。上司の立場がわからない部下など放っておきましょう、と言いたいところですが、そうもいきません。

ブレると思われるのは気分が悪いので、対処法を考えましょう。

守るべき職場のルールを作る

ブレる上司と思われてしまうのは、職場に一貫したルールがない場合が多いもの。職場には、グランドルールがあったほうがよいのです。例えば、上司が「ウチは協力する職場にする」と宣言し、それだけは貫くようにします。困っているメンバーがいれば、必ず誰かがサポートする。手が足りなければ、管理職も実務を手伝う。協力できるのに、しないメンバーはきちんと指導する。このように、1つでも貫くものがあればブレるとは言われません。

また、グランドルールはそれぞれの部下が日々行う判断にも影響を与え、トータルで職場が上司の望む方向に進んでいくことにもつながります。**管理職としての思いを込めた職場のグランドルールを作り、その1点について貫く**ことが大切です。

なお、職場を運営していれば、指示を変更しなくてはならない場面にも出くわします。その際、「ゴールは変わらないんだ」といくら言ったところで、部下はブレたと取ります。そのような場合は、「状況が変わったので、やり方を変えたい」と潔く言ったほうがよいでしょう。きっぱりと言えば、案外ブレたとは取られません。逆に、**小さな変更だからといって「本質は変わっていない」と力説すると、かえってブレたと受け取られる**もの。気をつけましょう。

memo

職場のグランドルールを決め、少なくともその1点については貫く。指示を変える時は、きっぱり変更すると明言する。

no. 08

顔が広い人でいてほしい

人脈こそが上司としての頼れる武器

部下にとって、顔の広い上司はありがたいものです。例えば、部下が上司に「これ法律的にどうなんでしょう？」と尋ねた時、自分はわからなくても、「ちょっと待って」と誰かに電話をして確認してくれたり、あるいは「法務部の○○さんに相談してみるといいよ」とアドバイスしてくれれば、それは答えを教えてくれたのと同じことです。

最近は部門間の異動が減り、社内人脈を持っている部下は少ないもの。顔が広いということ自体が尊敬に値します。人脈が社外にまで広がっていればなおさらです。

人脈は管理職にとって大きな武器になります。管理職研修に参加したマネジャーの方から、「私は異動が多く、いまの職場も最近赴任したばかりです。仕事の中身もよくわからず何もできない状況です」という悩みをよく聞きますが、そういう人こそ強みを持っていると言えます。異動が多い人は、社内のあちらこちらに知り合いがいるもの。社内人脈を使って、部下の問題解決の手助けをしてあげればよいのです。

上手な社内人脈の作り方

いざという時、助けになるのはやはり社内人脈です。社外の人と異なり、金銭的な話を抜きにして具体的に動いてくれるからです。その社内人脈をどうすれば作れるか考えてみましょう。

以前、ある部下の方から「僕の上司はすごく顔が広くて、いつも助かっています」という話を聞いたことがあります。その後、その上司の方に別の研修でお会いしたところ、意外にも社交的な感じではなく、無口な方でした。そこで、「部下の方から聞きましたよ。顔が広いそうですね。どうやって人脈を作ってるんですか?」と質問してみました。ご本人は、謙遜しながらも「一緒に修羅場をくぐるのが一番です」と言っていました。これは説得力がありました。**修羅場を一緒にくぐった人の数だけ人脈ができる。**

読者の皆様が、いま修羅場のような仕事を誰かと一緒に手掛けているなら、乗り越えた時にきっとそれが人脈になります。

もう少し、日常的にできる人脈作りの方法も考えてみましょう。管理職研修に来る人を見ていて、「この人は人脈作りがうまそうだ」と感じることがあります。そういう人は相談上手です。例えば、さほど親しくない技術部門の管理職に話しかけ、「ウチの部署のメンバーはみんな技術的に素人だから、お客さんに突っ込んだ質問をされるとフリーズしちゃうんだよね。どうしたらいいかな。今度ちょっとアドバイスしてほしいので、時間とってよ」などと相談しています。

これは、**相談の形をとりながら「巻き込む」仕掛けをしている**のです。そういう人は研修だけでなく、社内のプロジェクト活動や会議の場、あらゆるところで仕掛けていきます。そして、借りを作ったり、借りを返す行動をして人脈を作っていきます。

異業種交流会に出ることだけが人脈作りではありません。日常の仕事の中でも人脈を作っていきましょう。自分のためになるのはもちろん、結果的に部下の期待に応えることにもなります。

memo

人脈は管理職の武器。一緒に修羅場をくぐれば人脈ができる。日常的には、相談の形で巻き込んで人脈にしていく。

no. 09

余裕のあるところを見せてほしい

部下が管理職になりたがらない理由

ある大企業の管理職の方から、「部下に昇進試験を受けさせるためには、どのような言い方をすればよいか」という相談を受けました。その会社では昇進試験を受験する一般社員が減っており、数年前から管理職に「部下が昇進試験を受けるよう説得するように」という指示が出され、「年に3人受験させろ」とノルマまで設定されたそうです。管理職にとっては、部下を呼んで「そろそろどうだ」と説得するのが年中行事になっていました。しかし、部下のほうは「まだ遠慮しておきます」と気のない返事をします。それで、「どう言えば昇進試験を受けてくれるのか」という相談になったわけです。

しかし、これは言い方でどうこうできる問題ではありません。部下が、「自分もいつか上司のようになりたい」と思えば、説得しなくても受験してくれます。実態は正反対で、「ああはなりたくない」と思っているから受験しないのです。

私はその企業の研修を担当しており、状況を承知しています。部下の皆さんは、「また、今年も昇進試験を受けるように言われました。上司は管理職になるメリットをいろいろと言うのですが、日頃からあれだけ『忙しい』『大変だ』と言っているのを聞いていると、説得力ないですよ」と言っています。

部下が管理職になりたがらない原因は、余裕のない上司の姿だったのです。

管理職が時間を作るための2つの方法

実際のところ、管理職が大変なことは確かです。多くの管理職が「これだけ大変な思いをして、管理職手当はこれっぽっちか。残業手当も休日出勤手当もつかないし、割に合わない」と言っています（かつて私も言っていました）。

また、本来は将来の構想など長期的なプランニングもしたいところですが、実際には目の前の仕事に追われ、先のことなどなかなか考えられません。しかし、いつまでもそのような状況を続けるわけにはいきません。

忙しく、大変な原因は2つです。1つは、「実務をやり過ぎていること」。もう1つは、「管理職としての事務ワーク対策ができていないこと」です。

実務のやり過ぎの解消法は、部下に仕事をおろしていくことに尽きます。その際の障害は「自分でやったほうが早い」という上司の気持ちです。確かにその通りでしょうが、その考え方から抜けられない管理職はそこ止まりです。

部下がやると時間がかかり、うまくできないのは当然です。よい教え方と習熟までの期間の両方が揃って、はじめてうまくできるようになるのですから。まずはよい教え方を身につけ、習熟までの期間を考慮して仕事をおろしていきましょう（よい教え方については、㊼㊽で触れます）。

管理職としての事務ワーク対策とは、会社に提出する書類への対応を指します。例えば、3月は多くの管理職にとって事務ワークのピークになります。実績作りの追い込みに加え、年度の活動分析資料の作成、人事考課資料の作成、来期の予算作り、年間計画作りなどを、わずか1カ月ぐらいの間に次々にやります。

このような事務ワーク対策として有効なのが、早めの締切設定です。「3月20日までに提出」と通達されたら、多くの管理者は3月20日を締切日として手帳に記します。そして、締切直前の2〜3日は地獄になります。そうならないよう、締切日の3日〜1週間前に個人的に提出日を設定し、それを手帳に書きます。つまり、サバを読んで余裕を作るのです。簡単ですが、意外に効果が大きいものです。

上司に余裕があれば職場にも余裕ができ、つまらないミスも減ります。職場のためになりますし、部下のあこがれの存在となれるかもしれません。

memo

部下に仕事をおろして実務を減らす。事務ワークは早めの締切設定で余裕を作る。

no. 10

仕事に情熱を燃やしてほしい

なぜ、40代後半管理職のモチベーションは低いのか？

最近、40代後半から50代前半の管理職層のモチベーション低下が著しいという悩みを、企業の人事担当の方々からよく聞きます。原因は「役職定年制度」です。これは、55歳前後になると役員以外は全員ヒラ社員になって給与も3～5割少なくなるというもの。場合によっては、いまの部下の下で働くこともあります。それが気になり始めるのが、40代後半からなのです。

自分は役員にはなれそうにないと先が見えてくると、「もうじき役職定年だから、いまさら頑張っても…」という管理職が増えます。上司のそういう姿勢が部下にも伝わり、「もっと仕事に情熱を燃やしてほしい」という要望が生まれているのです。

もちろん、別の理由で管理職のモチベーションが低いケースもありますが、ここでは最近特に増えているこの問題を取り上げたいと思います。

新たなローソクに火をつけよう

該当する年代のご本人は自分の置かれた状況を客観的に把握しています。他人が「あなたにもまだまだ可能性がありますよ」などと言ったところで、心に響きません。でも、役職定年まで低いモチベーションのまま過ごすのは、部下のためにも、何より自分のためによくありません。

多くの方は、役職定年後も会社にいるわけです。**ポジションのアップや収入のアップというモチベーションのローソクが消えかけているならば、役職定年後も燃え続ける新しいローソクを見つけて、いまのうちに点火しておきたい**ところです。

新しいローソクとは、やりがいのある新たな課題のことです。「これまで誰もできなかった業務の一気通貫体制の確立」でもよいでしょうし、「目の前にいる部下を立派に育てる」でもよいでしょう。また、「将来の主軸事業となるような新規事業の立ち上げ」という手もあります。

私は40歳を前にして会社を辞め、独立しました。独立当初思ったのは、「会社というステージを利用してできることはまだたくさんあったな」ということです。独立したことは後悔していませんが、やり尽くさなかったことはもったいなかったと思っています。私はもう間に合いませんが、いま会社にいる読者の皆様はまだ間に合います。

いまのステージでできることは、まだまだたくさんあります。新たなローソクを探し、点火してください。そして、部下のためにも、イキイキとした上司でいてほしいと思います。

memo

モチベーションのローソクが消えないうちに、新たなローソクを見つけて点火する。

no.
11

オシャレでいてほしい

上司のファッションに厳しい最近の部下

最近は上司のルックスに関する要望を挙げる部下が多くなりました。これはクールビズやウォームビズの影響により、ビジネスのファッションに選択肢が増えたことが原因のようです。以前でしたら、男性の管理職は判で押したようにダークスーツにワイシャツとネクタイ、女性の管理職はスーツというのが定番でした。最近は選択の幅が広がったことで、センスの差が露見しているのです。

そして、近頃の部下は、中身だけでなく外見も格好いい上司を求めるようになりました。特に、女性の部下は男性上司のファッションをよく見ています。「もう少し、身なりに気を使ってほしい」という要望をかなりよく聞きます。

その影響は、私のような講師業の人間にまで及んでいます。最近、研修の受講アンケートで私の服装に関するコメントを書く人が現れました。それまでは、なかったことです。残念ながら「格好いい」と書いてくれる人はおらず、「スーツのサイズが大き過ぎるのではないか」「ズボンが太過ぎるのではないか」などのように、「放っておいてくれ」と言いたくなるようなコメントばかりです。これでも私なりに服装には結構気を使っておりまして、某高級紳士服店でイージーオーダーしたスーツなのです。しかし、いまの若い人たちの感覚とは少し違うようです。

「若い人に迎合する必要はありません。中身が大切なのですから気にしないでおきましょう」と言いたいところですが、部下の皆さんが気にしているのは確かです。

対策を考えてみましょう。

適切なファッションシフトをしよう

対策を考えると言っても、昨日まで横分けの髪型でダークスーツに白いワイシャツ姿だった上司が、突然茶髪にして髪の毛を立て、デザイナーズメガネに派手なボタンダウンシャツで出勤して来たら、部下はドン引きです。

ここは、少しずつシフトしていきましょう。例えば、クールビズだからといって、普通のワイシャツのままネクタイを外していては、ただのだらしのないオジサンです。ネクタイを外しても格好がつくようなシャツにしてはどうでしょうか。また、スーツを買い足す時には最近の細身のスーツにしてもよいでしょう。

いつも清潔で、ピシっとシワのない服装でいることは当然として、少しだけファッションに気を使う必要もあるということです。

memo

部下の「格好いい」は、上司の基準と異なる。少しずつファッションシフトをしていく。

no.12

「責任はオレが取る」と言ってほしい

部下の背中を押す特別な一言

私の話で恐縮ですが、こんなことがありました。住宅業界にいた頃、私は新築物件の現場管理をしていました。その現場は遅れに遅れ、数時間後にはお客様が引っ越して来るという明け方まで工事をしていました。

そして、ギリギリ間に合うかどうかという最後の段階で、私は血の気が引きました。塗装の職人さんから「このカウンターは何色で塗るの？」と聞かれたのですが、お客様に確認し忘れていたことに気づいたのです。それは、居間の目立つところにありました。塗り残せば、工事が完了したことになりません。だからと言って、いまさらお客様に電話することもできません。私は、現場にいた上司にそのことを話しました。すると、上司は職人さんに向かって次のように言いました。

「何色で塗るかの確認はできていません。ただ、もう間に合わないので、木目が見えるようにクリアーで塗ってください。もし、それでダメだったら入居後にカウンターを壊してやり直すしかありません。でも、塗ってください。責任は私が取ります」

私は、「この上司の部下でよかった」と心から思いました。幸いにも工事は無事終わり、懸案のカウンターも問題ありませんでした。つい最近、その上司の定年退職を祝うパーティーがありました。すでに会社を離れた元部下たちが、その上司のために大勢集まりました。わざわざ遠くから来た人もいました。きっと、みんな私と同じような経験をした人たちなのでしょう。

部下がチャレンジする時に、背中を押してくれるのもこの言葉です。ある企業の中堅社員は、「いままでで一番よかった上司はどんな人ですか？」という質問に、いつも「責任はオレが取るから、君は自分が一番いいと思う方法で思い切ってやれ」と言ってくれた人を挙げました。**ピンチの時もチャレンジの時も、「責任はオ**

レが取る」という言葉が部下にとって忘れられない一言になるのです。

どのみち管理職は責任を取るもの

ただ、いまは「責任はオレが取る」と言いにくい時代なのも確かです。昔は、よく「オレはいつも辞表を胸に入れて仕事をしている」などと言う上司がいました。実際に持っているわけではなかったり、持っていても出す気はなかったり、出しても引き止められると計算して言っていたのだと思います。

いまは環境も変わり、辞意をほのめかしたら「はい、そうですか」とあっさり受け取られる可能性もあります。リスクは以前に比べて格段に高くなっており、「責任を取る」というセリフは、そう軽々と口にできない状況になっています。

それでも、部下は上司にこのセリフを言ってほしいと思っています。どのみち、管理職は何かあれば責任を取らなければなりません。何も不手際がなくても、実績があがらなければ責任を取ることになります。**管理職になった瞬間から、「責任はオレが取る」ことになっている**わけです。それに、「責任を取る＝会社を辞める」

とは限りません。責任の取り方にもいろいろあるでしょう。
ならば、様々な場面で「責任はオレが取る」と言ってみたらどうでしょう。部下は、そういう上司にこそついていきます。

memo

「責任はオレが取る」を部下は待望している。管理職は常に責任を取るものだから言ったほうがよい。

第2章／マネジャーとして仕切り、プロとして実行する「仕事力」

第2章は「仕事力」です。

部下は上司の仕事力を2つの視点で期待しています。1つは、「管理職としての仕事力」です。この期待には、ストレートに応えるのがよいとは限りません。管理職としての力量は、マネジメント経験のない部下にはわかりにくいものです。ある時期、選手に批判された監督が後に名監督に位置付けられていることもよくあります。そこで、本章では部下の期待は事実として受け止めながらも、管理職としてどうするのがベストなのかを考えます。

もう1つは、「ひとりのビジネスパーソンとしての仕事力」。つまり、プレイヤーとしての力量です。この点についても、期待に応えるのが難しいケースがあります。例えば、自分の専門分野以外のマネジャーになった場合です。部下が何年もかけて覚えたことを、急に求められても困ります。これについては、対応策を中心に考えていきます。

管理職としての仕事力をメインに、有能なプレイヤーであることへの期待に関する対応策も含めて話を進めます。

no. 13

先見性を持ってほしい

先見性はリーダーシップの源泉

部下は、先のことに対して漠然とした不安を抱きつつも、目の前の仕事に忙殺されています。「誰かに先のことをしっかり見ていてほしい」と思うのは当然のこと。そして、その誰かとして真っ先に思い浮かぶのが自分の上司です。

部下が上司に期待する先見性、これはリーダーシップのパワーの源泉にもなります。例えば、製造業で自社が使っている鉄やアルミなどの素材に値上がりの兆しが見えたとします。先を見ている管理職は会社からコストダウンの指示が来ることを予測し、経費予算の見直しに着手します。

同時に、「鉄とアルミの価格が長期的に上がることが予測される。うちのチームとしてはいまから先手を打っておく」と部下に告げ、対策をします。実際に素材の価格が上がって会社からコストダウンを指示されたとしても、「予想通りの展開になった。ウチはもう準備ができているから、計画通りにやっていこう」と冷静に部下に伝えることができます。

一方、予測をしていない管理職は上からの指示に対し、「またコストダウンか。これ以上いったいどうしろっていうんだ」とボヤき、部下に「上からの指示なので仕方ないんだ」と伝えるしかありません。

両者の差は大きいもの。部下は先を読める上司についていきます。**声の大きさとは関係なく、「この人の言う通りになる」というほうについていく**のです。先見性がリーダーシップのパワーの源泉になるというのは、そういうことです。

先見性を高める簡単なアクション

この先見性を高めるには2つのアクションが必要です。1つは、「情報にアクセスすること」。もう1つは、「連想ゲームをすること」です。

情報へのアクセスを端的に言うと、日本経済新聞や業界紙を読むということです。企業の経営層は、自社も顧客も日経新聞を読んでいます。その記事からアクションが生まれるのはよくあること。私もかつて会社員時代に、経営企画室のマネジャーをしていた際、記事を読んだ社長が役員を呼んで指示を出す姿を何度も見ました。**日経新聞の記事は、ビジネスにおける天気予報のようなものなのです。**

次に、連想ゲームです。**この情報が巡り巡って自社に、そして自分にどういう影響を及ぼすか、ということを予測する**ものです。私は、管理職向けセミナーの中で受講者の皆様に新聞記事を紹介し、それを読んだ自社のトップが何を考え、どういうアクションを起こすかを予測してもらっています。例えば、あるメーカーの工場新設の記事から、次に社内で起こることを連想してもらいました。営業課長である受講者の方から、「社長が営業部長を呼んで、『ウチは手を打っているのか』と問い詰め、部長は私に『どうなっているんだ』と電話をかけてくる」という答えが返ってきました。すると、実際に休み時間にその通りになり、受講者の皆さんと一緒に大ウケしたということがありました。このように、皆さんやってみれば案外簡単に的中させます。

また、新聞以外でも部下の日報情報やクレーム情報から連想ゲームを行うことができます。

先見性を持つのは、さほど難しいことではありません。情報へのアクセス、連想ゲームは誰にでもできます。やろうとするかしないか、それだけの話です。

memo

先見性は、リーダーシップのパワーの源泉。「情報へのアクセス」「連想ゲーム」で高めよう。

no. 14

ビジョンを示してほしい

部下が求める夢と数値目標の両立

「ウチの職場は数字の話ばかりで、夢がないんです」という部下の方の話をよく聞きます。そうは言っても、管理職にとって実績をあげることは最も重要な使命です。「数値目標を掲げ、達成に向かうのが仕事だ。できもしない夢ばかり語って何になる」と管理職が思ったとしても責められません。

ただ、**部下は数値目標だけではやる気にならない**ことも確かです。上司の皆さんも、会社から指示された数値目標を見た時、「やりたい」とは思わなかったでしょう。同じことです。部下が求める夢と会社が求める数値目標、この間で管理職は何をすればよいのでしょうか。

ワクワクする職場をイメージしよう

管理職向けのセミナーで、「制約なしに考えて、自部門が3年後にこうなったらいいな、という姿を文章にしてください」というワークをよくやります。受講者の方がたいてい最初に書くのは、「売上○億」「利益○億」というような数字のみ。部下の皆さんが「夢がない」と言うのもうなずけます。

そこで気分を変えてもらうために、「すごい職場って、どんな職場かネタ出ししてください」とお願いしてみます。「世界進出」「命を支える」「日本で一番」「オンリーワン」「はじめての」「すべての」「メンバー全員が特定技術の専門家」「ライバルが戦わずして諦める」「雑誌にインタビューされる」「他社が教えてくれと頭を下げる」「部門が独立した会社になる」など、キーワードがいろいろ出てきます。

次に「では、いま出たキーワードのどれかを使って、改めて自部門の3年後の姿を文章にしてください」と言うと、今度はよいものができます。そして、グループの中で他のメンバーが聞いて一番ワクワクするものを、「ワクワク大賞」として選んでもらいます。すると、営業部門の管理職からは「ライバル企業がチームの名前を聞いただけで諦めて、コンペを辞退するようになる」、技術部門のマネジャーからは「〇〇の開発で、『不可能を可能にした5人のサムライ』というタイトルでチーム全員が海外の雑誌に載る」、飲食店の支店長からは「ユニークなレストランとして『はとバス』のコースに入る」など確かにワクワクするものが選ばれます。これこそが「ビジョン」であり、部下が求める夢です。

そのような姿を目指すチームにいることで、部下のモチベーションは上がります。ビジョンにはそういう効果があるのです。

3年先までの数値目標を考えてみる

残るは数値目標の扱いですが、実はさほど難しくありません。例えば、先の営業の例で言えば、「ライバル企業が諦めるような力がつけば、当然年間〇億の売上は達成できているはず」などのように整合させることができます。そして、ライバルに圧倒的な差をつけるために、何を武器にどんな能力をどう高めればよいかを考えていくことが「戦略」です。

通常、会社は管理職に年間計画までしか求めません。でも、あえて3年後まで考えてほしいのです。1年間という時間の制約を意識するとビジョンは描きにくいですが、**3年先までなら制約に縛られずに夢のあるビジョンを描ける**はずです。あわせて、**数値目標も心づもりとして3年後まで持っておきましょう。**そうすれば、毎年上からおりてくる大きな数字にため息をつくことはなくなります。

まずは、自分自身がワクワクするような3年後の姿を描くこと。そして、それを部下に語ってください。「そんなことできるんですか?」と言いながらも、部下の目が輝いていたら、夢のある職場になる一歩目を踏み出せたということです。

memo

自分自身がワクワクするような3年後の姿を描いて、そのビジョンを部下に話してみる。

no.15

妥当な目標を設定してほしい

悩ましい部下の目標設定

新しい期が始まる前に、来期の個人目標を設定する時期が来ます。これは、部下がストレスをためる作業です。部下からすると、「自主的に設定しろと言うけれど、結局『もう一声』みたいな話になって、現状を無視した無理な目標を押し付けられる」という不満を抱きやすいもの。だから、「妥当な目標を設定してほしい」という希望が生まれるのですが、これにそのまま応えるわけにはいきません。

部下が求める「妥当な目標」の水準は、管理職からすると低過ぎるものです。部下が現状を踏まえた安全な目標を求める一方で、会社はもっと高い目標を求めます。

管理職としては、会社が求める目標は受け入れざるを得ません。そうなると、問題は高い目標をどう部下に納得させるかということになります。

目標に対する納得感を高めよう

部下の関心はチームとしての目標よりも、個人の目標にあります。チームの数字に関心を持てと言ったところで、やはり一番気になるのは自分のこと。したがって、個人目標の納得感をどう高めるかがポイントになります。そのためには、部下に目標を自主設定させるのが一番です。

ただ、これにはコツがあります。個人目標を制約なしに自主設定させれば、現状を踏まえた安全な目標になりがちです。そこで、事前にガイドラインを出すという方法をとります。つまり、本人にふさわしい目標の高さを示すのです。上司の都合という小さな視点ではなく、大きな視点で提示します。

例えば、「いま、会社として売上が伸び悩む中で利益を出すには、10%のコストダウンが必要だ。仕入れ部門であるウチには10%以上のコストダウンの期待がかかっている。君には資材調達のリーダーとして、ぜひその実現に力を発揮してもらいたい。また、君の資格等級の要件は『部門の中心的な役割を果たし、実績に貢献すること』だ。それを意識して個人目標を設定してほしい」という具合です。このように**あらかじめガイドラインを出すことで、納得させながら目標を高めに誘導します。**

ただ、ガイドラインを出しても、すべての部下が期待するレベルの目標を出してくるとは限りません。低めの目標を出してきた部下がいたら、話し合うことになります。その話し合いの方法も挙げておきましょう。

話し合いは1回で済まそうとせず、まずはどうしてその目標値になったのか、という部下の言い分を共感的に聞きます。その上で部門の現状や、会社として、部門として、上司として本人に期待することなどを話しながら、丁寧にギャップを埋めていきます。

また、こちらの言い分を一方的にのませるのではなく、**本人の言い分も反映できるような落とし所を一緒に探る姿勢が大切です。**このように、互いに納得できるポイントまで粘り強く話し合いましょう。

おそらく、最終的な到達点は部下にとっての妥当な目標よりも高くなってしまうはずです。**結局、部下の求める「妥当な目標を設定してほしい」という期待には応えられません。**

でも、それは仕方がないこと。部下が納得感を持って、高い目標を設定してくれるように導くのが上司のすべきことなのです。

memo

目標設定は部下の納得感がすべて。
事前のガイドライン、事後の共感的な聞き方で導く。

no.16

任せる範囲を明確にしてほしい

部下は自分の担当範囲を狭くとらえがち

部下は、自分の仕事の範囲を明確にしたがります。部下が困るのは、自分の範囲外だと思っている仕事について、上司から「君の仕事だろう」と言われることです。実際に、その困ることはよく起こります。**部下は自分の担当範囲を小さくとらえ、上司は広くとらえる**からです。これは、立場の違いによるものです。

野球の守備に例えて考えてみましょう。「ライトの守備」という仕事があります。部下である選手は、「ここからここまでというライトのポジション範囲をきっちり守るのが仕事だ」と思っています。それに対して上司である監督は、「ライト方面のヒットを防ぐためにあらゆることをするのが仕事だ」と思っています。立場の違いが、このような意識のギャップにつながります。

自分の責任範囲をきちんと果たすという部下の考えは、一概に否定できません。でも、「試合に勝つ」という目的に向けて、あらゆることを求める上司の立場も理解できます。ここは両者のギャップを埋めるために、改めて役割分担の方法を考えましょう。

業務で分けずに「目的」で分ける

役割を業務で分けると、ポテンヒットが出やすくなります。例えば、営業部門に2つの課があって、それぞれに営業事務員がいるとします。役割を業務で分けると、A子さんは「1課に関する仕事」、B子さんは「2課に関する仕事」を担当することになります。このような状況下で、営業マンが出払っているところに新規顧客から問い合わせがあったとします。電話に出たのがA子さんでもB子さんでも、「これは私の仕事なの?」となるでしょう。新規顧客は、どちらの課の担当かわからないからです。

では、いったいどうすればよいのでしょうか。役割を業務で分けるのではなく、目的で設定すればいいのです。例えば、A子さんの役割は「1課の営業マンが成績を上げるための支援をすること」、B子さんの役割は「2課の営業マンが成績を上げるための支援をすること」とし、そのためのすべてが担当業務であるというようにします。

前出の電話の問い合わせの話に当てはめてみましょう。新規の案件は、A子さんにとってもB子さんにとっても、自分が担当する課の営業マンの成績になる可能性があります。そう考えれば、必然的に「自分の仕事」という認識になるでしょう。場合によっては、A子さんとB子さんが仕事を取り合う事態になるかもしれません。でも、それは悪いことではありません。**役割は、ポテンヒットになるよりもバッティングするほうがマシ**なのです。

おそらく、部下のほうは目的よりも業務で分けることを望むと思います。自分のテリトリーが明確になりますし、考えなくてすむからです。

でも、目的を意識して考えながら仕事をするのは大切なことです。部下には、

「チームが勝つために自分は何をすべきか」というところから考えてもらいましょう。本来役割とはそういうものです。あわせて、業務の幅を広げるようなアクションを高く評価し、部下が自分の役割を広げて考えるように導くのが上司の役目です。すべてがチームのためになります。

memo

役割分担は目的で決める。業務の幅を広げる部下のアクションを高く評価する。

no. 17

指示は具体的にしてほしい

あいまいな指示は部下には届かない

最近は、優しい上司の方が増えました。部下に指示を出す際も、やんわりと「忙しいと思うんだけど、できればやってくれると嬉しいな」などのように気遣いのこもった言い方をします。

しかし、部下はそんな上司の気遣いも知らず、言葉通りに「余裕があったらやればよくて、余裕がなければやらなくてもいいんだ」と受け取ります。指示ではなく、希望と解釈するのです。そうなると、できなくても知らん顔。上司が「前に頼んだことは、どうなったかな?」と聞いても、「忙しいので手をつけていません」と堂々と答えます。

部下もよくありませんが、やはり上司の指示の仕方が問題です。部下は「必ずやらなくてはならないものなのか、できればやればいいという程度のことなのか、わかりにくい」と感じます。あいまいな指示だと、自分に都合よく取るのが部下というものです。

部下に指示を出す時の3つのポイント

指示には3つの原則があります。1つは、「目標を示すこと」です。**目標とは、納期と要求品質を指します。「いつまでに、どのレベルのことを」ということ**です。

例えば、総務課長が、社員向けのIDカードの利用マニュアルを作るように中堅社員の部下に指示するとします。その場合は、「今度導入する社員IDカードの利用マニュアルを、来月20日までに作ってほしい。期待するレベルは、新人が読んでもわかるもので頼む」となります。

2つ目は、「やり方を指定すること」です。やり方の指定は、部下の習熟度に応じて幅を決めます。新人には自分の考えでやらせる範囲をやや狭くし、**中堅・ベテランには「これだけはこうしてくれ」と制限を少なくして自由度を広げます。**先ほどのマニュアル作成の指示の場合、相手は中堅社員なので制限を少なくし、「目次、章立て、1ページの文字数などマニュアルの体裁は、前に作った会議室予約システムに揃えてほしい。その他は内容も表現もすべて任せる」というようにします。

そして、3つ目は「指示は肯定的に行うこと」です。例えば、マニュアル作成について「文字ばかりにならないように」というのは、否定的な指示です。**「〜しないように」という否定的な指示は直感的に理解しにくく、行動につながりにくい**ものの。同じ指示を肯定的にすると、「写真や図解を多く入れてほしい」となり、どうすればよいか明確にできます。

このように指示を出せば、部下から「もっと具体的に指示してほしい」とは言われなくなります。

余談ですが、**部下は指示の際に「言ってることわかる？」と言われるのを非常にイヤがります。**このように言われると、「上からモノを言われている」「バカにされている」と感じ、気分が悪くなるそうです。上司は確認のために言っているだけで、悪気はないのでしょう。ただ、部下はこのようによからぬニュアンスを感じてしまいます。「ここまでのところで、質問ある?」などのように、他の言葉に言い換えたほうがよいでしょう。

memo

指示は次の3点を意識する。「目標」(納期と期待品質)と「やり方」(習熟度に応じて)を「肯定的に」表現する。

no.18

早く判断してほしい

判断しないのは、間違えるよりも悪い

判断が遅い上司を持つと部下は大変です。上司が決断するまで動けず、時間ばかりが過ぎていきます。とはいえ、上司にも事情があります。上の決裁が必要な案件もありますし、まもなく判明することがわかっている重要なデータを待つこともあります。それは仕方がないとして、問題は判断の先送り傾向がある上司です。

マネジメントの格言に、**「判断しないことより、間違った判断をするほうがマシである」**というものがあります。部下が早い判断を期待しているからという以前に、管理職たるもの早い決断が求められます。

「重要度」と「タイミング」を意識する

早く判断するには、どのようにすればよいのかを考えてみましょう。マネジメントの力を上げるための定番トレーニングの中に、「インバスケット演習」というものがあります。未決箱に入った案件の処理の仕方を見るシミュレーションです。以前から私もオリジナルのものを作り、管理職研修で使っております。

このインバスケット演習で、重要案件を未処理にしたり、先送りしてしまう傾向の人がいます。そういう管理職の問題は2つあります。1つは、「難しそうな案件を後回しにしてしまうこと」です。重要案件ほど難しく見えるものです。それを後回しにして重要度の低いとっつきやすい案件ばかり処理しているうちに、時間とエネルギーがなくなっていきます。そういう状態では、難しい重要案件を解くことはできません。結果的に未処理や先送りになってしまうのです。

もう1つの問題は、「判断は材料が揃ってからするという考え方」です。重要案件の中には、材料が揃っていようがいまいがタイミング優先で判断しなくてはならないものがあります。それを、材料が十分ではないからと先送りすること自体が判断ミスです。

この2つの問題を解決するには、「重要なものから着手する」「判断の精度を考える前に、判断すべきタイミングを考える」ということが必要です。これは、インバスケット演習だけの話ではなく、実際の仕事でも同様です。メールボックスにたまった未処理のメールが格好のトレーニング材料です。意識してやってみてください。

自分の中の判断基準を持とう

かつての私の上司でこういう人がいました。私が「A案とB案があります。どうでしょう?」と尋ねると、「お客さんにとってはどっちがいいの?」と聞き返します。「B案です」と答えると、「じゃ、Bで進めて」とすぐに判断してくれます。私に対してだけでなく、誰に対しても同じでした。「顧客のメリットを優先する」という自分の判断基準を持つことで、素早くブレずに判断できるわけです。

判断基準を持つメリットは他にもあります。上司の判断基準を理解した部下は、

「基本的な条件はどちらも同じです。お客さんにはこっちがいいので、この方法で進めたいと思いますが、どうでしょうか？」と言うようになります。**部下が上司の判断基準を自分の中に取り込み、活用し始める**のです。上司の判断基準にマッチした提言がされるのですから、スムーズにOKが出ます。上司の意図通りに、しかもスピーディーに職場がまわるという理想的な状況です。このように、独自の判断基準のメリットは大きいものです。

管理職にとって、判断は重要なキーワード。素早い判断に止まらず、総合的で独自の判断基準を持って部下に影響を与えていくなど、取り組んでみてください。

memo

重要なものから着手し、精度よりもタイミングを重視。
自分の判断基準を持つ。

no. 19

納期の前に急かさないでほしい

黙って待てない上司の事情

部下に仕事を指示する際に納期を確認したにも関わらず、納期の前に何度も「アレどうなった？」「まだできてないの？」と聞いてくる上司がいます。部下は落ち着いて仕事ができないので、「納期まではちゃんとやるから急かさないでほしい」と不満を抱きます。

ただ、上司の気持ちもわかります。重要な仕事でスケジュールがタイトな場合、どうなっているか気になります。その先の段取りもあり、リスク管理もしなくてはいけません。辛抱して待っていればよいという話ではないのです。

指示にチェックポイントを埋め込む

重要な仕事の場合、指示をする際にお互いのチェックポイントを決めておきましょう。例えば、納期を1週間後に設定する場合、中間点で状況を知らせてもらえるよう「週末に一度進捗を教えてほしい」と依頼しておきます。そうすればやたらと声をかける必要もなくなり、部下も落ち着いて取り組めます。

また、部下は中間時点で何かしら報告しなくてはいけないと考えるので、早く着手するようになります。まさに一石二鳥の解決策です。

memo

納期を決めたら、待つ。
進捗が気になるなら、あらかじめチェックポイントを決めておく。

no. 20

他部署とうまく交渉してほしい

部下の仕事は上司の交渉力が左右する

会社の中には利害が対立しやすい部門があります。例えば、営業部門と製造部門がそうです。営業は顧客の望む短い納期を約束して仕事をとりたい。そうすると、製造部門が無理な納期に苦しむことになる。逆に、製造部門にとって無理のない納期を優先すれば、営業の受注確率が落ちる。

こういう場合、各部門の管理職の交渉力がモノを言います。交渉に弱いほうの部門はいつも不利な条件で仕事をすることになり、部下の不満は募ります。「いつもウチが辛い条件をのまされてばかり。上司はもっと交渉力を持ってほしい」と。

他にも、あちらを立てればこちらが立たないという構造は社内の至る所にあります。多くの部下にとって、上司の交渉力強化は自分の仕事に直接関わる切実な願いなのです。

部門間交渉の原則はWin－Win

強い部門間交渉力を持つ上司の下にいると、部下は助かります。でも、往々にしてそれは長くは続きません。社内交渉は随時発生するものです。いつも勝っていたら負けた側に不満がたまり、だんだんと協力してくれなくなります。いつも交渉に勝つのがよいとは限らないのです。

よく言われることですが、交渉の原則は「Win－Win」です。**お互いに納得のいく落とし所を見つけるのが、真に交渉力のある管理職なのです。**「わかった。前回はウチのムリを聞いてもらったから、今回はなんとかしよう」という姿勢で、お互いに健全な貸し借りを続けていくのが理想です。

問題は、いくらこちらがそういう姿勢を見せても、相手が全勝をねらってくるような場合です。そういう相手には、「新しい選択肢を作る」という作戦が有効です。

例えば、営業部門は2週間で作ってほしいが、製造部門の想定では4週間かかるという場面があったとします。この場合、次の3つの解決策が考えられます。

・営業が受注しやすいように2週間で作る

・製造が無理なく作れるように4週間で作る

・お互いの間をとって3週間で作る

しかし、本当に選択肢はこれだけでしょうか。**優れたネゴシエーターは、絶えず新たな選択肢を模索します。**

交渉力の高い人は、「営業は確実に受注したい。製造は無理したくない。お互いが納得するような別の方法はないのか考えてみよう」と提案します。その結果、「今回は社内で作らず、外注する」という選択肢が思い浮かぶかもしれません。そして、営業部門はその点を顧客に了承してもらうという形で汗をかき、製造部門は外部の業者に品質管理に関わる指導をする形で汗をかく、というお互いが納得できる解決策が生まれる可能性があるのです。

交渉は、互いの立場をそのままテーブルに乗せた上で新たな選択肢を考えるとうまくいく場合が多いもの。そうすればどちらも勝者になれ、Win－Winが実現します。

部門の利害が対立することは、毎日のようにあります。そんな時こそ、「そっちの立場もよくわかる。ちょっと別の道を考えてみようか」と観点を変えてみる。そのような働きかけをすることで、交渉力を上げていってください。そうすれば、部下にとって頼りになる上司になれるでしょう。

memo

他部門との交渉はWin－Winを目指す。互いの立場をテーブルに乗せて新たな選択肢を作る。

no. 21

ITスキルを上げてほしい

パソコンが苦手な上司のありがちな行動

ITスキルについては、部下のほうが上司より勝っている場合が圧倒的に多いもの。それもそのはず。いまの部下は、入社する前からあたりまえのようにパソコンを使っています。一方の上司にとって、パソコンは途中から職場に入ってきた黒船のようなツール。得意でないのは、やむを得ないことでしょう。

部下も、上司のITスキルがイマイチなことを責めているわけではありません。部下が願っているのは、**「調べれば簡単にわかるようなことまで、いちいち聞かないでほしい」**ということです。

例えば、ある上司は「エクセルの関数で四捨五入するのって、どうやるんだっけ?」とよく質問するそうです。彼の部下は、「そのぐらい自分で調べてほしいですよ。ネットで調べれば簡単にわかるんですから。それに、前にも教えたことを何度も聞くのはやめてほしいです」と言っていました。「同じことを何度も聞くな」とは、完全に部下と上司の立場が逆転しています。

上司に求められるITスキルとは

上司としては、「調べるより、よく知っている部下に聞いたほうが早い」ということなのでしょう。それは間違いではないと思います。ただ、最近は残業抑制もあり、部下は時間と手間に敏感になっています。余計な仕事と感じさせるようなことは、しないに越したことはありません。

この点については部下の意見に従って、自己解決できる範囲を広げていくのがよいでしょう。例えば、エクセルの関数について部下にしばしば質問しているなら、せめて関数に関するヘルプの使い方を身につける、質問する前に一度は自分で検索して調べてみる、エクセルの関数辞典を買ってきて調べるなどしてはどうでしょう。それでもわからなければ、部下に聞けばよいでしょう。部下も、その上で聞いてくるなら快く対応するはずです。

なお、「ＩＦ関数」や「ＶＬＯＯＫＵＰ関数」などのややこしい関数と長時間格闘している上司がいますが、そういう難しい業務は無理をせず、最初からまとめてパソコンの得意な部下に発注したほうがよいと思います。

部下が上司に求めるＩＴスキルというのは、システム部門でない限りさほど高いレベルではありません。それより、自己解決の姿勢を見せてほしいというのが、部下の願いです。

memo

ＩＴスキルについて、自己解決の姿勢を見せる。部下に聞くのはそれから。

no. 22

部下の業務の専門知識を持ってほしい

組織のフラット化がもたらす弊害

部下の方から、「担当業務について知識のない人が上司になったので、いちいち説明しなくてはならないので大変です」という話をよく聞きます。また、人事部門の方から、「管理職に技術知識がないため部下の指導がうまくいっておらず、相談相手にもなれていない。どうすればよいか」という相談を受けることも増えました。部門の業務に関する知識を持たない管理職の増加は、業種業態を問わず広がっています。

原因は組織のフラット化にあります。数少ない管理職が幅広い範囲を見るようになったため、畑違いの部門まで担当することが日常的になったのです。上司のほうも、好きで畑違いの部門のマネジャーになったわけではありません。「経験のない業務のマネジャーを任されたのですが、部下の言っていることがよくわからず、仕事がしにくいです」と困惑しています。

「上司のせいではないから仕方ない」とも言えません。対策を考えましょう。

最初のうちは全体管理に徹する

初期の対策は、「細かい業務に介入しないこと」です。当面、細かい業務は部下に任せましょう。例えば、長年営業をしていた人が人事部門の管理職になったとします。社会保険の業務などは、専門知識が必要になります。着任まもない頃に判断を求められても、知識の土台がありません。しばらくは、「君はどっちがいいと思う？」と部下に聞いて判断するようにしましょう。

部下に「そうではなくて、こうはできないの？」と下手に聞いてみたところで、できない理由が専門用語とともに返ってくるだけです。管理職の重要な役割は「大きな方向性を示すこと」と「全体の管理」で、個々の仕事に介入することではありません。**個々の業務がよくわからないうちはあまり細かい点に踏み込まず、大きな方向性を示し、総額予算に目を光らせて全体管理に徹しましょう。**

資格のこっそり受験で業務知識を得る

もう1つの対策は、「陰で猛烈に勉強すること」です。最初のうちは全体管理に徹することでよいのですが、いつまでもその状況ではお互いに仕事がやりにくいことも確かです。判断の精度を上げていくためにも、業務知識は身につけましょう。そのためには猛烈に勉強することです。これは避けられません。

勉強法として、私は資格取得にチャレンジするのが一番だと思っています。大半の業務には、その仕事に関連する資格が存在します。それは国家資格ではなく、民間資格でも構いません。目的は資格を取ることではなく、あくまで知識を身につけることです。

たいていの業務は自社用にカスタマイズされており、本来あるべき姿と異なる形で実務が進められています。**実務だけを追っても、業務に必要な知識の全体像は見えてきません。**

一方、資格試験で問われるのは原則が中心。全体を把握し、原則を身につけるためには、資格チャレンジが有効です。

例えば社会保険業務の場合、「社会保険労務士」や、もう少し簡単な「ビジネス・キャリア検定」を受験してもよいでしょう。受験勉強の過程で、短期間に大量の知識を得ることができます。ちなみに難関試験の場合は、合格できない可能性が高いので「こっそり勉強」でいいと思います。

仕事で大変な上に、新たな負担を背負うと考えると辛いので、あくまでも自分のためと思って取り組みましょう。

memo

着任当初、細かい作業は部下に任せる。業務知識獲得のため、陰で猛烈に勉強する。

no.
23

ひとりのプロフェッショナルとしての仕事ぶりを見せてほしい

部下はすごい上司を見たがっている

多くの管理職はプレイングマネジャーです。自分でも案件を持って、プレイヤーとして仕事をしています。部下はそんな上司の仕事ぶりを見ています。手際よく的確に仕事を進め、実績をあげていく姿を見せれば、部下は上司に対して敬意を抱くようになります。そういう上司のアドバイスは、素直に受け入れるでしょう。そういう状況を作るためにも、上司は難しい仕事を鮮やかにやり遂げる姿を見せたいものです。

しかし、それはなかなか大変なこと。「マネジメントだけでも大きな負担なのに、プロとしての仕事ぶりも見せろなんて、オレはスーパーマンじゃないんだぞ」と言いたくなります。だからこそ、どういう案件で仕事ぶりを見せるかがポイントになります。

小さくても難しい仕事を見せよう

規模が大きくて工数のかかる案件で仕事ぶりを見せるのは、管理職の負担が重くなります。見せる仕事の規模は小さくてよいのです。**小さくても構わないので、専門知識がないとできない仕事を見せましょう。**形になる企画書や、製品として見せられるものが最適です。

例えば、システムの企画書であれば高度なシミュレーションや複雑な金利計算をともなうものなどです。小さなサブシステムであっても、高度な専門知識が必要なものならばよいでしょう。部下に「見せてもらえませんか」と言わせたら、こちらのものです。根底に敬意があれば、マネジメントも指導もやりやすくなります。

プレイングマネジャーにとって、本業はチームのマネジメントです。自分の仕事だけに力を入れるわけにはいきません。仕事ぶりを見せるのは、時折でかまいません。1回でも印象に残るような姿を見せれば、部下は上司を認めます。

memo

小さな仕事で構わない。専門知識で形になるものを見せる。

第3章 メンバーが働きやすい環境を整える「職場力」

第3章は「職場力」です。

部下は働きやすい環境作りを上司に求めています。自分だけでなくメンバー全員が気持ちよく働ける職場を望んでいるのです。そのために、上司に様々な要望を挙げてきます。

その要望の大半はコミュニケーションに関すること。「もっと話を聞いてほしい」「自分たちの状況を理解してほしい」「情報を公開してほしい」「チームがまとまるようにしてほしい」などです。

それぞれはもっともなことですし、働きやすい環境作りは管理職の役割の1つです。ただ、多忙な上司としてはすべてにきめ細かく応えるのは難しいでしょう。そこで、いかに効率よく期待に応えていくかを考えます。

また、新しい問題として、最近の若い部下の好む「距離感」があります。「放置はイヤだけど、あまり近づかれるのもイヤ」という微妙なものです。近づき過ぎて鬱陶《うっとう》しいと思われる上司も増えてきました。本章では、こういった課題への対処も考えていきます。

no. 24

もっと席にいてほしい

忙しさから生じる部下とのすれ違い

「相談したい時に、たいてい上司はいないんですよ」という部下の方の悩みをよく聞きます。すると横から、「ウチも同じ。ちゃんと報告しろと言われるけど、報告したくても席にいないんですよね」という声がかかります。

最近の上司は、本当に席にいないことが多いようです。かつては、上司が1日中側で目を光らせていたので「上司は元気で留守がいい」などと冗談を言っていましたが、いまはあまり聞かなくなりました。それほど離席が多いのでしょう。

原因は、上司のプレイングマネジャー化、会議や打ち合わせが多いことにあります。しかも、残業抑制の影響で上司が席に戻る頃には部下は既に帰っていたりします。このような接点不足はどこの職場でも問題になっています。メールや携帯で連絡を取り合うという方法もありますが、やはり複雑な案件については上司と面と向かって話したいというのが部下の希望です。

ただ、上司も好きで席を離れているわけではありません。どうすればよいか考えましょう。

部下との共有時間の増やし方

対策は2つです。1つは、部下との接点が少ないことを前提にして、**「短い時間で濃密なコミュニケーションをとること」**です。具体的には、部下の話をよく聞くこと。これについては、次の㉕で具体的な方法をご紹介します。

もう1つの手は、**「各種の打ち合わせに部下を連れて行くこと」**です。管理職の会議を除けば、部下を同席させることが可能な打ち合わせは結構あるものです。そうすることで、部下と時間を共有することができます。

また、打ち合わせの中にはアイドルタイムがあります。相手が来るのを待っている時間や、打ち合わせが終わってから席に戻るまでの時間などにコミュニケーションをとることができます。

打ち合わせを徐々に部下に任せていけば、部下育成と自分の負担軽減が同時に実現します。**中期的には仕事を部下におろして少なくとも1日の1／3は席にいる状態を作りたい**ものです。そして、「ウチの上司は朝のうちはいることが多い」「夕方にはいることが多い」などのように、部下が予測できる状況を作ってあげるとよいでしょう。

memo

部下の話をよく聞く。打ち合わせに同席させるなど共有時間を増やし、徐々に仕事を部下におろす。

no.

25

じっくり話を聞いてほしい

話を聞いてほしい部下、話を聞いているつもりの上司

㉔に出てきた、「部下の話をよく聞くこと」について考えます。「上司があまり話を聞いてくれない」という部下の不満は多いもの。しかし、上司にはその自覚がありません。ほとんどの方は、部下の話をきちんと聞いているつもりです。このギャップはどこから生まれているのでしょうか。

問題は聞き方にあります。部下から挙がる最もよくない話の聞き方は、面倒くさそうに聞くことです。具体的には、相手の目を見ずにパソコンのほうを向いたまま聞く、貧乏ゆすりなど体の一部を動かしながら聞く、話を遮る、「で？」「なぜ？」

など追い込むような質問ばかりする、などです。上司は、部下の話を聞きたくないからそうしているわけではないでしょう。単にそういう聞き方が習慣になっているだけです。

以前にマネジメントのセミナーに来た上司の方で、相手の話を聞く時に必ず指で机をコツコツと叩く人がいました。あたかも机をクリックするように。その方に、「話を聞いている時のご自分のクセ、わかっていますか?」と尋ねたところ、「わからない」と言います。その時もコツコツ叩いていたので指摘したところ、苦笑いしながら「気づきませんでした。直します」と言っていました。

そういうクセは直したほうがよいのですが、好ましくない動作をやめるという考え方は実践に向けてなかなか意識しにくいものです。むしろよい聞き方をするという方向で意識して、自然に余計な動作がなくなるようにしていきましょう。

傾聴を身につけよう

よい聞き方のことを「傾聴」と言います。傾聴の方法は、「目を見て」→「相手の話すペースに合わせて頷き」→「あいづちの言葉を言う」です。目を見て話を聞くことは、相手を尊重している意味のサインです。目を見なければ尊重していないというメッセージが伝わってしまい、きちんと話を聞いていないように見えます。

ただ、上司の中には正面から目を合わせていると、気づまりになるという人もいます。そういう方は机の正面ではなく、横に椅子を置いて角度をつけて部下を座らせると楽でしょう。

相手の話すペースに合わせて頷くのは、「君のペースで話していいんだよ」というサインを送り、部下を安心させるためです。具体的には、部下の話の切れ目で頷きます。目印は部下の顔の上下動です。部下も頷きながら話しますので、それに合わせます。顔の上下動はわずかな人もいますので、注意して見ましょう。

あいづちの言葉は、相手を話しやすくさせる潤滑油になります。頷くだけで言葉を発しないと、部下は観察されているように感じて不安になります。口を開かない「うん」だけでは、積極的に聞いている感じがしないからです。あいづちは「うん」だけでなく、「そう」「なるほど」など口を開く言葉も使ったほうがよいでしょう。

あいづちの代わりに、相手の言葉を繰り返すのも効果的です。そうすると、部下は話が伝わったと安心します。あれもこれも繰り返すのは不自然なので、重要なキーワードと部下の感情に関する部分だけで構いません。
傾聴スタイルで1分間も話を聞いてあげれば、相手は「よく聞いてもらった」という印象を持ちます。例えば、セミナーのペアワークで「ペアの相手に、いま仕事で困っていることについて説明してください」とお願いすると、たいていの人は1分以内で話し終えます。ひたすらよく聞いてあげれば、1分間で相当聞いたことになるのです。忙しい中でも、そのぐらいの時間ならとれるのではないでしょうか。

memo

1分間傾聴を心がける。目を見て聞き、相手のペースで頷き、あいづちの言葉を発する。

no. 26

挨拶を返してほしい

たかが挨拶、されど挨拶の影響力

4月になると、私は新入社員研修の講師を担当します。はじめはまともに挨拶ができなかった新人も、トレーニングを繰り返すときちんと挨拶ができるようになります。「これで職場に行っても安心」というレベルにして送り出すのですが、半年後に新入社員フォロー研修で再会すると、すっかり挨拶が崩れています。「どうしたのか」と尋ねると、「職場では挨拶をしても誰も返してくれないので…」という答え。これはもう毎年恒例のことです。上司の皆様はいかがでしょう。

上司は2種類に分かれます。部下が挨拶をすると、顔を見て大きな声で「おはよ

う」と返す人、チラっと見ただけで「おう」ぐらいしか言わない人。

あなたがもし後者だったら、これからは是非部下の顔を見ながら、はっきりと「おはよう」と言ってあげてください。大した手間もかかりません。それに、部下の顔を見ることは体調やメンタル面をチェックする意味もあります。

前者の中にはきちんと挨拶を返すだけではなく、自分から先に声をかける方もいます。そういう上司のいる職場はたいてい明るい雰囲気で、業績も好調なことが多いもの。たかが挨拶ですが、その影響は意外に大きいのです。ベタですが、率先垂《そっせんすい》範《はん》でいきましょう。

memo

挨拶は、きちんと返す。部下より先に言ってもいい。

no.

27

しつこく報連相を求めないでほしい

どんどん把握しにくくなる部下の仕事

部下にとって、報連相は仕事以外に要求される面倒で余計なもの。また、「報連相がなっていない」と言われると、入社したての新人のように扱われている感じがして気分も悪くなります。

「報連相なんて言わないでほしい」というのが部下側のホンネですが、上司の側にも「ならば、もうやめる」とは言えない事情があります。部下の仕事の動きがわからなくては、マネジメントができないからです。

ただでさえ、いまは部下の仕事を把握しにくくなっています。以前だったら部下が顧客や他部署と交わしている電話を聞いていれば、おおよその状況は把握できました。また、机の上に広げている資料を見れば、いま何の仕事をしているのかわかりました。

しかし、いまは顧客からの電話が携帯に直接入ることが増えました。携帯を持って席を離れてしまったら、誰と何を話しているのかわかりません。また、部下がパソコンに向かっていたら、いましている仕事内容もわかりません。その状況でマネジメントをするのは無理な話です。

では、どうしたらよいのでしょうか。

報連相のメリットを部下に感じさせる

報連相は、求めると部下にイヤがられます。上司がするべきは、部下が進んで報連相をするように仕向けることです。そのためには、報酬を出す必要があります。

「報連相なんてするのがあたりまえなのに、そんなものにいちいち報酬を出すのか」という考えでいたら、部下は報連相をするようにはなりません。

報酬といっても、金一封を出すとか人事考課でプラスをつける、ということではありません。ただ単に、**「報告」「連絡」をされたら、それをプラス評価するコメントをすればいい**のです。例えば、部下が「T産業への納品終わりました」と報告してきたら、「了解。サンキュー」と答えます。2秒程度で済むことです。

ところが、多くの上司は部下の報告に対して「なんでそんなにかかったのか」「Y物産はどうなっているのか」などとコメントします。これを数回繰り返すと、部下は「報告すると面倒なことになる。このくらいのことは報告しなくてもいいだろう」と考えるようになります。こうして上司は、ますます部下の動きをつかみにくくなるのです。

そうならないよう、報告があったら「了解。サンキュー」と言えばよいのですが、中にはそう言えないものもあります。例えば、「ミスをした」「クレームを起こした」という報告です。

しかし、そのような場合も原則は同じでよいのです。まずは「早く言ってくれてよかったよ」というように、報告自体はよいことだと伝えます。その上で、「それで中身の話だけど」と指導に移ればよいのです。指導は厳しくして構いません。大切なのは、はじめに報告をプラス評価することです。

部下からの「相談」に対しては、「丁寧に聞く」「支援する」という報酬で応えます。

「部下が相談もせずに勝手に自分で判断して困る」と嘆いている上司がよくいますが、「上司に相談すると迷惑そうな顔をするからしたくない」というのが部下の言い分だったりします。これは、上司が部下の相談を丁寧に聞くことで解決します。

また、部下は上司に相談した問題の解決に向けた支援を期待します。それは、汗を流すことに限りません。「部門を越えた協力をとりつける」「会社に特例を認めさせる」などの上司の立場でしかできないことも含みます。

パソコン、メール、携帯があたりまえのいま、部下が進んで報連相をしてくる環境作りは優先度の高いものです。「報連相をせよ」と言うより、部下が自主的にしてくるように働きかけましょう。

memo

報連相への「プラス評価コメント」「丁寧に聞く」「支援する」で、部下が進んで行うように仕向ける。

no. 28

隠し事をしないでほしい

部下にすべてを話せない立場

部下は、上司に「隠し事をしないでほしい」と思うもの。しかし、そうはいっても上司には部下に言えない話もあります。

例えば、異動をともなう組織変更の話です。組織変更の噂がある。他の部署では、その概要まで上司が部下にほのめかしている。なのに、自分たちの上司は「まだ何も決まっていない」と一切教えてくれない。その結果、噂通りの組織変更が発表される。部下たちは、「やっぱりそうなった。どうしてうちの上司は教えてくれないのか」と不満を抱く。

この場合、むしろ正しいのは何も言わない上司のほうです。箝口令《かんこうれい》が敷かれているのに、部下に情報を漏らす上司は正しくありません。実際のところ、部下にすべてをオープンにしてはいけないのが上司の立場です。そうなると、隠し事をしないでほしいという部下の期待には応えられません。

ユダヤの格言に、「嘘を口にしてはならない。しかし、真実の中にも口にしてはならぬものがある」というものがあります。まさに、管理職の立場です。

上に確認してオープン情報を増やそう

「隠し事をしないでほしい」という部下の期待に100%は応えられませんが、ゼロ回答というわけにもいきません。部下にすべてをオープンにできない立場とはいえ、話すことを増やすことはできます。

例えば、管理職の会議で知ったことについて、「いまの話は部下に伝えてもいいですか?」と発言者に確認し、「構わない」という言質《げんち》をとったものは話してよいわけです。管理職の方は意外に確認すらせず、とりあえず話さないという方法をとりがちです。**確認を通じて公式にオープンにできることを増やしていけば、部下の願いに少しは応えることができます。**

また、公式に発表できるようになったら、どの管理職よりも早く部下に知らせることも有効です。重要事項の場合は、5分間の臨時ミーティングを開くなどしてなるべく早く知らせるとよいでしょう。

memo

上への確認を通じて、オープンにできることを増やす。公開してよいものは素早く部下に知らせる。

no. 29

忙しい理由を知らせてほしい

部下に状況を伝えるメリット

不言実行は悪いことではありませんが、上司がそのタイプだと部下は困ります。側にいるので忙しいのはわかるけれど、何が大変なのかさっぱりわからない。その状況は部下にとって落ち着きません。上司は、「何で忙しいのか、見ればわかるだろう」と思うかもしれませんが、実際のところ部下はわかっていません。

この点については部下の側に分があります。報連相で一方的に情報を求めておいて、自分からはまったく情報を出さないというのでは、部下は納得がいかないでしょう。コミュニケーションはお互い様なのです。

朝礼やミーティングなどで、いまどういう業務で多忙なのかをオープンにしましょう。

知らせたところで進んで手伝ってくれるわけではないかもしれませんが、それでも部下が状況を理解していれば、仕事がやりやすくなるはずです。

例えば、翌日が中期計画の提出期限で、上司はその作成に追われていると部下が理解していれば、急ぎではない相談は遠慮するでしょう。また、クレーム対応で苦労していると理解していれば、関係者からの電話は丁寧に取り次いでくれるでしょう。このように、部下に状況を知らせるメリットは結構あるのです。

職場のメンバーは、同じ屋根の下に住んでいる家族のようなもの。お互いに状況を共有しておきましょう。部下もそれを望んでいます。

memo

朝礼やミーティングで、現状をオープンにしておく。状況の共有は意外にメリットが大きい。

no.30

わかりやすく話してほしい

お互いに話し方のルールを守る

「ウチの上司は、僕らには『もっとまとめて話してくれ』とか『何が言いたいかわからない』と言うくせに、自分はまとまりのない長い話をするんですよ」という苦情がよく寄せられます。部下の言い分はもっともです。部下には要点をまとめて話すように指示しているのに、自分はそうしないのでは説得力がありません。

ただ、お互いに「そっちもやっていないじゃないか！」と言い合うのは不毛です。

上司も部下も互いに簡潔に話すようになればコミュニケーションはもっとよくなり、仕事が効率よく進むと考えましょう。

互いに簡潔に話すためには、職場のコミュニケーション・ルールを決めるのがお勧めです。それも、「相手の立場に立つ」といった抽象的なものではなく、「結論から話す」「全体から話す」「事実と意見は区別する」という具体的な表現で設定し、上司も部下も守るようにするのです。

そうすることで管理職も自戒できますし、話し方に関する部下指導もしやすくなります。お互いに高め合える環境を実現しましょう。

memo

職場のコミュニケーション・ルールを決める。上司も部下も守ることで、仕事は効率よく進む。

no. 31

公平にしてほしい

部下が求める公平さの3つのポイント

「先生が、〇〇ちゃんを贔屓《ひいき》している」、小学校の時に一度は聞いたことのあるセリフです。言い方こそ違えど、本質的には同じような不満を持っている部下は数多くいます。ジェラシーもあるのでしょう。ただ、放っておくとモチベーションや職場の雰囲気に影響が出ますし、中には対処したほうがよいものもあります。

部下が公平にしてほしいことは、「接し方」「チャンス」「評価」の3つです。「これらのどれかで自分は損している」と思うと、不公平だと感じます。

1つ目の接し方についてですが、「自分にだけ辛くあたる」「同じことをしても自分だけが叱責される」などの苦情をよく耳にします。おそらく、背景には「彼には厳しくして伸ばす時期だ」という上司の思いがあるのでしょう。しかし、その気持ちが届いていないから不公平と感じるのです。これについては、あらかじめ「これからの半年、君を鍛えていく。厳しいことも言うが、受け止めて成長につなげてほしい」というように伝えておくことで誤解を防ぐことができます。

2つ目のチャンスについてですが、上司は応えてくれる可能性を感じる順に与えます。実績を作る立場からすれば当然です。ただ、部下が「いい仕事はあの人にばかり行ってしまう。どうせ自分にはまわって来ない」と思っているとすれば、問題です。自分にまわって来ない理由に目を向けることなく、単なる上司の贔屓として受け取るのは、本人のためにもなりません。

これに関しては、「君にも、どんどんレベルの高い仕事をやってもらいたい。そのためには、納期に対する意識を高めてほしい。それが見えたら、企画の仕事を任せたいと思っている」というように、「こうすれば、こういうチャンスがつかめる」というメカニズムを説明しておけばよいでしょう。

最後の評価は、部下の生活にも関係する重要なテーマです。部下は、自分の評価に納得できないと不公平に感じます。納得感を高めるには、「事前に評価の仕組みを部下に公開する」「裏付けデータをきちんととった上で評点をつける」という2つのアクションが必要です。詳しくは第4章の㊹に記します。

部下から公平ではないと指摘される上司の多くは、単なる好き嫌いではなく、理由があってそうしているはずです。「不公平だ」という誤解は解いておきましょう。

memo

部下が公平にしてほしいのは、「接し方」「チャンス」「評価」の3つ。なぜ、そうするのかを伝え、納得してもらう。

no. 32

それぞれの立場を理解してほしい

「なぜ自分ばかりがこんな目に…」と思う部下

㉛で、「公平にしてほしい」という部下の要望を取り上げました。そう言いながら「それぞれの立場を理解してほしい」と求めるのですから、上司としては「みんな公平にしろとか、個別にしろとか、いったいどっちなんだ」とボヤきたくもなります。しかし、部下の中では矛盾しておらず、公平にすることと個別に理解することの両方を求めます。

なぜ、自分の立場を理解してほしいのでしょうか？　それは、**部下は誰でも自分の置かれた状況は特殊だと思っている**からです。例えば、営業マンの部下に割り当てられた担当顧客の中に厄介なクレーマーがいるとします。対応に追われて営業活動ができず、結果的に成績があがらない。上司から数字を詰められるたびに、「自分の立場もわかってほしい」と思います。

部下の言い分にも一理ありますが、誰にでも多かれ少なかれ事情はあるもの。それを目標未達成の言い訳にされては困ります。クレーム客を持っているからといって、売上目標を下げていたらキリがありません。どうしたものでしょうか。

部下の話を共感して受け止めよう

結論から言うと、売上目標を下げるような手心を加える必要はありません。そんなことをすれば、それこそ「公平にしてほしい」という要望から外れます。

ただ、突き放すのもよくありません。ここは、㉕で紹介した傾聴で対応します。おそらく部下は折に触れ、クレーマーの対応に追われていることを言ってくるでしょう。それは、丁寧に聞いてあげてください。

そして、「気持ちはよくわかる」というように共感的に受け止めてください。その上で、「クレームの多いお客さんを持ちながら、大きな売上目標を達成しなくてはならないのは大変なことだと思う。ただ、これを乗り越えることが君にとって大きなステップアップになる。支援が必要なら言ってくれ。一緒に乗り越えていこう」と言います。

部下が「立場をわかってくれない」と言う場合、上司が共感的に聞いていないことが多いのです。まずは、**傾聴して部下の言い分を共感的に受け止めます。**その上で、どうするか考えて支援してあげましょう。

また、常に部下の仕事を見ていましょう。**立場を理解するためには、部下をよく見る**ことが必要です。

memo

立場をわかってほしい部下のメッセージを共感的に受け止め、どうしていけばよいか一緒に考えて支援する。

no.33

頑張りを上にアピールしてほしい

部下の手柄をアピールするために大切な2つのこと

部下にとって、直属の上司が自分たちの努力をその上の部長や役員、あるいは経営トップにアピールしてくれるのはとても嬉しいことです。

ある企業の表彰式で記念講演をするために招かれた時のことです。全社でトップの業績をあげたチームのマネジャーが、代表で表彰されました。マネジャーは3分ほどのスピーチの中で、「○○君は、忙しくても他のメンバーの見積もり作成をいつも手伝ってくれました。ありがとう」というように、6人の部下ひとりひとりがチームのために何をしてくれたのかを話しました。部下の中には泣いている人もいて、とても感動的な場面でした。自分が何をしたのかは一言も話しませんでしたが、マネジャーとして素晴らしい仕事をしたであろうことはその場にいた全員に伝わりました。そんな上司なら、「一生ついていきます！」と言いたくもなるでしょう。

このように部下の頑張りを上にアピールするためには、２つのことが必要です。1つは、**「チームとして実績をあげること」**。それなくしては、部下の頑張りをアピールしたところで上には響きません。会社への貢献だけでなく、部下の幸せのためにもチームとして結果を残す必要があるのです。

実績さえあげれば、後は簡単です。もう1つは、**「管理職会議などで折に触れて個人名を挙げ、部下がしてくれたことを話すこと」**。毎回、全員の名前を言う時間はないでしょうから、「今回は○○君のことを話そう」というように分散させます。その際、いちいち部下に「会議で君のことを言っておいたよ」などと伝える必要はありません。そんなことは恩着せがましくて無粋です。何も言わずとも、他部署の管理職が「最近頑張っているみたいじゃないか」と部下に言ってくれます。

このように発言することは、管理職としての評価にも影響します。不思議なもので**「自分は何もやっていない。部下がやってくれた」と言う管理職ほど評価される**

ものです。逆に「自分はきちんとマネジメントをした」とアピールすると、聞き手が冷めて評価されなくなります。

チームで胸を張れるような実績を残し、その要因は部下の手柄だと話す。そうすれば、部下がついてきて自分の評価もあがるのです。「自分たちの頑張りを上にアピールしてほしい」という部下の期待には、素直に応えたほうがよいでしょう。

ただし、部下の手柄のアピールはポーズにならないようにしてください。心から部下のおかげと思って言わなければ、誰にも響きません。

memo

成果をあげて部下の手柄にすれば、管理職としても評価される。心からそう思って言うことが大切。

no.

34

みんなで決めたことをひっくり返さないでほしい

「みんなで決める」方式の注意点

「みんなで何かを決める」というのは、メンバーの帰属意識や忠誠心を高めるよい方法です。何もかも管理職が決めて守るように指示するよりも、時には部下たちに決めさせるほうが職場の雰囲気もよくなります。

例えば、接客を行う部門で服装に関するローカルルールを決めるとします。全社的にはクールビズでスーツなし、ノーネクタイを許可しているが、接客部門としては同業他社に合わせてスーツぐらいは着用すべきかもしれない。この際、きちんと決めておこうという状況だと考えてください。

この場合、とり得る対応法は2つです。1つは、「管理職が決めてメンバーが守る方法」。もう1つは、「メンバーが話し合って決める方法」です。それぞれの結果を聞いてみると、メンバーが話し合って決めたほうが順守率が高い傾向にあります。前者の場合はいつまでも管理職が目を光らせていなくてはならず、負担は意外に大きいもの。後者の場合は決まるまでは少し面倒ですが、いったん決論が出てしまえば後は手間いらずになります。

というわけで、こちらのほうがよいのですが、これには落とし穴があります。例えば、「みんなで話し合って決めた結論を持って来て」と管理職が指示するとします。ここまではよい方向です。

しかし、決論に対し、管理職が「これではダメだ」と突き返したりするとメンバーのモチベーションは一気に下がります。「だったら、『みんなで決めろ』なんて言わないで、最初からマネジャーが決めればいいじゃないか」と思うでしょう。

ただ、管理職としても言い分があります。例えば、接客を前提にした場合、みんなで決めた基準が甘過ぎれば、「はい、そうですか」と受け入れるわけにはいきません。さりとて管理職が入ってコントロールしてしまうと、結局押し付けのようになってしまいます。

解決方法として、**メンバーの中に進行役を設定し、事前にある程度打ち合わせをしておく**という手があります。そうすれば、許容できない結論が出ることも減り、修正を指示する場合も最小限で済むようになります。

実は、この進行役を設定することから大きな副産物が生まれます。**進行役をした部下は、管理職の気持ちがわかるようになるのです。**チームの中に理解者ができ、自分の代理ができる部下の養成、ひいては後継者育成にもつながります。

このような手を打ちつつ、みんなで決める方式をうまく職場に取り入れていきましょう。

memo

「みんなで決める」方式は、チームの帰属意識や忠誠心を高める。事前に進行役を決めて、ある程度打ち合わせをしておく。

no. 35

フェイスブックに「友達申請」しないでほしい

部下との適度な距離感を身につけよう

部下とのコミュニケーションは大切なことですが、コミュニケーションのとり方について数多くの苦情が挙がっています。

一言で言うと、「あまり近寄らないでほしい」ということです。最近、男性の部下のこんな話を聞きました。上司が、フェイスブックで友達申請してきた。最初は保留にしていたが、会社で上司から「友達申請しておいたのでよろしく」と言われて仕方なく承認。以後、毎日のように見ているらしく、会社で自分が書いたコメントに関する話題を振ってくる。おまけに「〝いいね！〟押しといたから」とまで。

ここまでいくと、近づき過ぎです。最近では、こういう行為を「ソーシャルハラスメント」、略して「ソーハラ」と言うそうです。

　また、こういう話もありました。ＩＴ系企業の部下が昼休みに半分は仕事、半分は個人的興味のようなページ、例えば最新のタブレット情報が出ているウェブサイトを見ている。すると、しばらくして上司が必ずその話題を持ち出してくる。どうやら後ろを通る時にチラッと見ているらしい。部下としては、ちょっと鬱陶しいのでやめてほしい。まるで、のぞき見されているような感じがイヤなのだと言っていました。その他、「飲みに行こう」としょっちゅう誘う、休日のバーベキューへの参加をしつこく誘うなど、近過ぎる関係はイヤがられる傾向があります。

　上司に悪気はなく、単にコミュニケーションをとろうとしているだけなのでしょう。部下もコミュニケーションのよい職場を望んでいないわけではありません。逆に上司が全く話しかけてこなければ、「うちの職場はコミュニケーションが悪い」と思うでしょう。このように、部下が望む距離感は非常につかみにくく、悩ましいものです。でも、なんとか理解して合わせるしかありません。

　基本的には、**プライベートな世界にこちらから首を突っ込むのは避けたほうが安**

全です。部下が振ってきた話に乗るのはいいとしても、こちらから繰り返しプライベートな話題を振るのはやめておきましょう。

部下は友達ではありませんし、**上司と部下の間にはある程度の緊張感も必要です。**友達関係でなくても、仕事上のよいパートナーシップは結べるのですから、ほどほどの距離を保ったほうがいいのです。

memo

部下との関係は、ほどほどの距離を保ち、ある程度の緊張感を持とう。

no. 36

女性をうまく使ってほしい

女性の部下への接し方とは

「女性をうまく使ってほしい」は、女性の部下から男性の上司に対しての要望です。これは解釈に注意が必要です。

ある女性部下の話です。「上司がいない時に、机の上にあった本をチラッと見たら『女性の部下が喜ぶ100のセリフ』のようなタイトルの本でした。正直気持ち悪かったです」。せっかくの上司の努力は逆効果。女性部下が求めているのは、そういうことではなかったようです。

男性上司にとって、女性の部下には理解し難い部分があります。うまく使うために、まずは女性を理解しようと考えるのは自然なこと。しかし、女性の部下から「女性のことを理解してほしい」という要望はあまり出てきません。問題はそこではないのです。

彼女たちは女性だからどうこうではなく、**仕事をするひとりの人間として接し、チャンスを与え、きちんと指導してくれる**ことを望んでいます。彼女たちは「実際、そういう考え方で接してくれる上司はとても少ない」と言っていました。

「女性だから」と意識過剰になるのは逆効果。「女性をうまく使ってほしい」を、「ひとりのビジネスパーソンとして尊重してほしい」という言葉に置き換えてください。そういうスタンスで接することができれば、お互いによきビジネスパートナーになれるはずです。

memo

女性部下をうまく使おうと考えずに、仕事をするひとりの人間として尊重する。

no.
37
ピンチヒッターができてほしい

あなたは部下の代役ができますか？

チームの主要メンバーのひとりが、急な病気や親類に不幸があって休む。そうなると職場は大変です。特に役割分担をしながら進める事務や製造などの仕事では、その影響は大きいもの。いまは職場に余剰人員などいないので、みんなでその穴埋めをしなければなりません。そんな忙しい時に上司がのんびりしていたら、部下は「あの人はどうして仕事を手伝ってくれないんだろう」と思います。

本来、こういう場合は短時間でも作業に入って、他のメンバーの負荷低減をしてあげたいところ。その時の仕事ぶりが鮮やかであれば、部下からの尊敬も得られます。問題は、他部門から来たなどの事情で業務経験がない管理職です。ラインに入って作業すると、足手まといになってしまう可能性すらあります。

そのような場合に備えて、時間がかかっても部下の仕事は一通りできるようにしておきたいもの。それは部下のためというより、部門の自衛策のためです。複雑そうに見える業務も、わかってしまえば大したことはありません。天才でもスーパーマンでもない部下がやっているのですから、時間をかければ上司にもできるはずです。異動や退職などで担当業務の引継ぎが発生した際に、後任の部下と一緒に説明を受けるなどして少しずつでも覚えておきましょう。

欠員時の体制を整えよう

この問題に関連して、1つ重要なことがあります。代役ができるできないに関わらず、管理職としてするべきことがあるのです。それは「体制作り」です。**誰かが休むたびにバタバタするのは、欠員が出た時の体制ができていない証拠**です。管理職として、欠員時のバックアップ体制を事前に作っておく必要があります。部下とよく話し合い、欠員が出た場合、重要業務については部門内で負担し合うだけでなく、他部署に応援を求めるなどの体制を作っておきましょう。体制作りの一環として、業務の標準化やマニュアル化も必要です。

もともとの部下の要望は、「誰かが休んだら、他のメンバーではなく上司に穴を埋めてほしい。そのために部下の仕事は一通りできるようにしておいてほしい」というものでした。その期待に応え、仕事を覚えて汗を流すのもよいことですが、それだけが管理職の仕事ではありません。むしろ、**欠員が出ても仕事がまわる体制作りのほうが重要な仕事**なのです。

memo

部下の代わりに一通りの作業ができるようにしておく。欠員時に仕事がまわる体制作りも進める。

no. 38

ルールを破る者をきちんと注意してほしい

職場崩壊につながりかねないルール違反

働きやすい職場環境作りの最後は、ルール違反に対する指導です。ルールを守らないメンバーがいるのに、上司が注意しないと部下の不満は募ります。その不満は「ルールを守るのはバカバカしい」という考えに変わり、ルールが有名無実化してしまいます。これは職場秩序の崩壊につながります。

しかし、この注意、つまり「叱る」というのはなかなか難しいもの。叱った後の気まずい雰囲気はイヤですし、頭の回転の速い部下に反論されると対応に苦慮します。また、叱ったことで必要以上に凹《へこ》まれても困ります。対応を考えましょう。

上司として身につけておきたい3段階の叱り方

叱ることが苦手な上司はたくさんいます。「愛情を持って叱るのが大切」という精神論は理解できても、肝心の叱り方がわからないのです。

叱る時は、3段階で行います。第1段階は、ソフトに叱る。第2段階は、ピシリと叱る。第3段階は、厳しく叱るです。

単純な例を挙げます。ミーティングに事前連絡なしで遅刻してくる部下がいるとします。第1段階は、ソフトに叱ります。まずは、「どうした?」と理由を聞きます。「クレームがあった」「急ぎの問い合わせに対応していた」などの理由が返ってきたら、「わかった。次回からは間に合うように頼むぞ。どうしてもの時は、事前に連絡してくれ」と言います。つまり理由を聞いて受容し、その上でリクエストを出すということです。この段階の口調は穏やかなものでよいでしょう。

第2段階は、それが繰り返される時です。指導を強め、ピシリと叱るステップです。この段階になったら、理由を聞く必要はありません。「5分遅刻。連絡なし」

と事実を告げ、「私はミーティングを始められず困っていた」と自分の気持ちを告げ、「次回は時間厳守。やむを得ない時は必ず連絡」とリクエストします。口調は強めますが、感情的になってはいけません。ピシリと言うことが大切です。

最終段階は、厳しく叱ります。第2段階でピシリと叱っても直らない場合は、本人が不在でもミーティングをどんどん進めます。到着したら、「いまから参加されても困るから、席に戻っていいよ」と告げます。部下は固まるか、「すいません」と謝ってなんとか参加しようとするでしょう。その場合も、「いいから席に戻って」と重ねて告げます。当然のことながら語気はさらに強めます。

その後は個別指導です。もうイエローカード状態ですので、チームメンバーとしてやっていくつもりがあるのか問い正します。「ある」ということならば、「今回が最後。次はない」と言い切ってよいでしょう。

たいていの場合は、第2段階で収まります。つまり、**第2段階の「ピシリと叱る」をやれるかどうかがポイント**ということです。

叱り方がわからない上司の中には第1段階も第2段階もなく、いきなり第3段階をやってしまう人がいます。そうなると、部下は反省するよりも「なぜ急に、こんなに怒り出したのだろう?」と驚き、「そんなに激しく言われるようなことなのだろうか」と疑問を抱きます。これでは注意の効果は半減します。段階を追って注意し、職場の規律を維持していきましょう。

なお、この叱り方はルール違反に対してだけでなく、ミスやコミュニケーション上の問題などにも適用できます。正しく叱るのは、管理職としての重要なスキルなのです。

memo

職場の秩序を維持するために、3段階で叱る。「ソフトに叱る」→「ピシリと叱る」→「厳しく叱る」。

第4章／部下をやる気にさせ、次のステージへといざなう「育成力」

本書の最終章にあたる第４章は「育成力」です。
第３章は職場環境全体に関するテーマで、「みんなが」という切り口でしたが、この章は部下個人の「私を」が切り口です。「私をやる気にさせてほしい」「私を成長させてほしい」という期待を取り上げます。

上司として理解はできるものの、こちらに求めるばかりではなく、少しは部下自身でモチベーションを上げたり、成長するための行動を自主的にしてほしいものです。それに、「部下である私をやる気にさせ、伸ばすのが上司の役目」などと言われると、「何様だ」という気にもなります。

ただ、部下の究極の願いはここに尽きることも確かです。なんだかんだ言って、自分をやる気にさせてくれて、成長させてくれる上司は部下にとって最もありがたい存在です。

上司としても、部下がやる気になって成長すれば、チームが活性化して実績があがるという大きなメリットを得られます。

では、対応を考えていきましょう。

no.39

ほめてほしい。認めてほしい

上司が使うべき有力な指導手段

「部下はほめて伸ばされたいと思っている」と聞いて、「何を甘いこと言っているんだ。オレはほめられたことなんかないぞ」と思ったとしたら、あなたは典型的な昭和のサラリーマンです（私はそうです）。

ほめない上司は3つのタイプに分けられます。1つは、「できて、やってあたりまえのことだからほめるまでもない」という要求の高いタイプ。2つ目は「照れくさいから見え透いたお世辞は言いたくない」という気分タイプ。3つ目は「何を、どうほめてよいかわからない」という能力的な問題のタイプ。これは、よい行いへの観察力とそれを適切な言葉で伝える表現力が不足している人です。

このようにいろいろな事情はあるのですが、**ほめることは正しい行いを再び行わせるよう「強化」する指導**です。ほめないということは、有力な指導法の1つを封印してしまうこと。それは実にもったいない。

効果的にほめるための2つの注意点

ほめる時には注意が必要です。「ただ、ほめてやるだけでは足りないのか」などと怒らず聞いてください。せっかくほめても効果が小さければ、ほめがいがありません。

まずは、**「具体的にほめること」**が必要です。例えば、ある部下の方は「日頃、あまり一緒に仕事をしていない部長から『最近ノってるじゃないか』とほめられたのですが、何のことだかさっぱりわからず、嬉しくありませんでした」と言っていました。部長も、せめて「難しい受注案件をまとめた」とか「よい改善案を次々に上げている」などの理由を言ってほしいものです。部下は、単におだてでほしいわけではないのです。

もう1つの注意点は、**「ほめるだけにすること」**です。「今回の企画は説得力があってよかった」とほめた後で、「報告書もこのぐらい力を入れて書いてくれるといいんだけどな」などのように、照れ隠しでマイナスのコメントを付け加えてしまう人がいます。それでは部下はほめられた気がしません。それどころか、イヤミを言われたような後味が残ることすらあります。せっかくほめるのですから、効き目があるようにしましょう。

時に、ほめられても「そんなことはありません」とそっけない態度をとる部下もいます。また、年上の部下の中には、ほめられても「上から目線」を感じて素直に喜べない人もいます。だから、ほめなくなる上司もいるのですが、実はそういう部下も「認めてほしい」と思っています。

ほめても期待通りの反応をしない部下には上司自身を主語にして、コメントを出すとよいでしょう。例えば、「私は、君がこの1年でずいぶん成長したと思っている」「私は、この仕事は君以外にできる人はいないと思っている」などのようにコメントします。思っているのは「私」ですから、相手は「そんなことありません」

と否定しにくいもの。また、年上の部下に対しては「○○さんが若手をフォローしてくれるので、私は助かっています」と言えば、上から目線を感じることはありません。

このような「私は」から始めるコメントを、私は「認めるコメント」と呼んでいます。これならば、イヤがる部下はいません。むしろ、すべてのほめを「認めるコメント」に統一してもよいでしょう。管理職の皆さんに聞くと、そのほうが言いやすいそうです。

部下の仕事ぶりを見て「いいな」と思ったことについて、「私」を主語に「認めるコメント」を出す。やってみてください。

memo

ほめる時は、「具体的に」「マイナスのコメントをしない」。自分主語の「認めるコメント」は部下に受け入れられやすい。

no. 40

叱ってほしい

部下が求める「叱る」レベルとは

意外にも、若い部下の皆さんが期待しているのが「叱ってほしい」です。しかし、これを言葉通りに受け取ってはいけません。部下の求める「叱る」は、上司のイメージする「叱る」とは異なります。

ある部下の方の例を挙げましょう。

「入社して3年が経ち、仕事も覚えて少しマンネリ気味だった頃、伝票記入などで小さなミスが続きました。そんな時、上司から『君らしくないぞ。基本が崩れている』と言われ、我に返りました。叱ってくれた上司に感謝しています」

部下が望んでいる「叱る」とは、この程度のものです。これは上司の立場からすると「叱る」ではなく、ただの「注意」です。**部下が求めている「叱る」は、自分がよくない状態の時にハッと気づかせてくれるような指導のこと**なのです。

「やったこと」と「やらなかったこと」を指導する

ここからは、「叱る」を「指導」と解釈して考えましょう。指導すべきポイントは2つあります。1つは、「やったこと」。犯したミスなどについて原因を突き止め、再発防止策を考えて合意するという流れで指導します。

もう1つは、「やらなかったこと」。こちらのほうが発見が難しいです。やらなかったことを見抜いて指導するには、その仕事の正しい進め方がイメージできていなければなりません。悪い結果が出たことについて指導するのは簡単です。真の指導とは、それがトラブルにつながらなくても本人の力量や経験からすれば当然できること、やるべきことをやらなかった時にピシリと行うものです。これは、本人のプライドを活用した指導なので、受け入れられやすいというメリットがあります。

また、やったことに対する指導より、やらなかったことに対する指導のほうが効き目があります。やったことについては本人も認識していますが、やらなかったことは本人の意識の外にある場合が多く、指摘によってハッと気づかせることができるからです。

繰り返しになりますが、上司のイメージする「叱る」と部下のイメージする「叱る」は異なりますので、気をつけてください。なお、上司がイメージする「叱る」が必要な場面もあります。それについては、㊳を参考にしてください。

memo

部下の求める「叱ってほしい」は、単なる注意。やったことだけでなく、やらなかったことも指導する。

no. 41

ねぎらってほしい

疲れ果てた部下が求めていること

部下は、「お疲れさん」「大変だったね」「頑張ったね」などのねぎらいの言葉がほしいもの。そういう言葉をかけてもらうことで、「上司はわかってくれている」と感じるのです。

あるメーカーに勤める部下の方の話です。

「納品トラブルでお客さんのところに行って会社に戻って来たのが、23時過ぎでした。もう誰もいないと思っていたら、広いフロアにポツンとひとり上司が座っていて、『お疲れさん。大変だったな』と言ってくれました」

同じような話を、過去に何度も聞いたことがあります。ある時は鉄道会社で、またある時は建設会社で。自分が大変な思いをして精根尽き果てている時、待っていて一声かけてくれるのはすごく沁みるそうです。こういう一言をかけるのにスキルはいりません。

部下のささいな仕事ほど感謝を伝える

部下をねぎらう場面は、日常の中にたくさんあります。職場には誰もやりたがらない汚れ仕事があります。例えば、「製造ラインで機械に油をさすこと」などの誰かがやらなくてはならないけど、やったところで誰もほめてくれないような仕事です。そういう仕事を部下がしているのを見つけたら、ポンと肩を叩いて一言「ありがとう」「助かるよ」といった感謝の言葉をかける。

汚れ仕事に対するねぎらいの一言で、部下は「ちゃんと見てくれている」と喜び安心します。 裏紙用にためていたミスコピー用紙を定期的に「廃棄」の箱に入れることや、自然と乱雑になってしまうカタログケースの整頓、誰の担当とも言えない細かいクレームへの対応などもいわゆる汚れ仕事と言えます。こういうことを、進んでやってくれている姿を見逃してはいけません。

部下が脚光を浴びるような成果をあげた時は、上司がほめなくても周囲がほめてくれます。むしろ、誰もほめないような汚れ仕事に対してねぎらいの言葉をかけることのほうが大切です。

部下をよく見てください。今日も誰かが汚れ仕事をやってくれています。その部下は、上司の「助かるよ」の一言で報われます。そういうことを見てくれている上司を部下は信頼するのです。

memo

ねぎらいの一言をかけるのにスキルはいらない。部下の汚れ仕事に感謝する。

no.

42

やる気にさせてほしい

モチベーションを上げにくい時代

部下が「私をやる気にさせてほしい」と思っていると聞くと、上司の皆さんは「甘えるんじゃないよ。何様だと思っているんだ」と言いたくなるかもしれませんが、ちょっと待ってください。いまの時代の部下は、昭和の時代のように出世やお金をモチベーションにしにくい分、ある意味大変なのです。

ポストが少ないことはわかっていますし、少々頑張ったからといって多額の報奨金が出る時代でもありません。贅沢をしなければ、そんなにお金がなくてもそこそこ楽しく生きていけます。そんな中で、仕事に向けたモチベーションを高めるのは案外難しいのです。

モチベーションアップのための3つの実感

過去のモチベーション施策は、アメとムチに代表される単純なものでした。しかし、いまはそれではモチベーションは上がりません。現代の若者のモチベーションにつながるのは、次の3つの実感です。

1つ目は、**「自分の仕事は価値がある」という実感**。この仕事は誰かを幸せにしている、誰かの命を救っていると実感できるとモチベーションが上がります。2つ目は、**「職場で自分は価値ある存在だ」という実感**。仲間のひとりとして、職場を自分が支えていると感じればモチベーションが上がります。3つ目は、**「自分は成長している」という実感**。この3つが揃えば、報酬がそこそこであってもモチベーションは上がります。

では、その実感を誰が与えられるのかというと、上司しか見当たりません。本人は目の前の仕事で精一杯です。例えば、自動車の部品工場の製造ラインで働いている人に「お仕事は？」と聞くと、「溶接です」という答えが返って来ます。でも、その仕事は大きな目で見ればブレーキの一部を作っており、もっと大きな目で見ればメーカーがよりよい自動車を作るための手助けをしていると言えます。車に乗る人が安全で楽しいドライブができるように、命を守っていると考えることもできるのです。このように大きな視点で仕事をとらえ直し、部下に伝えることができるのは上司だけです。

職場で自分が価値ある存在なのかどうか、部下に気づかせることができるのも上司です。例えば、ねぎらいの一言（㊶参照）や、「君がそういう仕事をしてくれているから、みんなが仕事に集中できる」といったコメントで部下は自分の価値を認識できるのです。

また、人は成長の実感を自分だけでは持ちにくいもの。上司が部下と一緒に、定期的にこれまでの軌跡を振り返って成長した部分を確認する場を設ければ、実感させることができるでしょう。

このように、部下のモチベーションのカギはことごとく上司が握っています。特に最近は、「自分は大したことがない」と思う自己肯定感の低い若者が多くなっています。手助けをしなければ3つの実感は高まらず、ひいてはモチベーションが高まらないのです。「やる気にさせてほしい」という部下の願いは、甘えているわけでも勘違いしているわけでもなく、切実です。

上司として、3つの実感が高まるような働きかけをしてあげてください。部下のモチベーションが上がれば、職場は確実によくなるのですから。

memo

「自分の仕事は価値がある」「自分は職場で価値がある」「成長している」という3つの実感を部下に与える。

no. 43

信用して任せてほしい

上司の介入に敏感な部下

「信用して任せてほしい」というのは、最近の部下の多くが求めていることです。いまや進行中の案件の状況を、上司にもCCメールで知らせるのが一般的になってきました。また、多くの上司はサーバにある部下のフォルダを見る権限を与えられています。**いつも「見られている」というプレッシャーの下にいる部下は、上司が仕事に介入することに敏感になっているのです。**

部下の理想は信用して任せてくれ、いざとなったら手助けしてくれる上司です。上司の皆さんは「なんて勝手なことを」と思うかもしれませんが、これが部下のホンネです。対応を考えましょう。

部下の責任感は仕事を任せることで強めよう

ある営業企画セクションに所属する人から聞いた話です。その方の上司はとても厳しく、企画書を作ると膨大なダメ出しをします。コメントも手厳しく、部下の方は辛い日々を過ごしていました。そんなある日、いつものように企画書を提出したら、上司は中身を確認した後で黙って印鑑を机の上に置きました。部下の方が戸惑っていると、「これからはオレがいなくても、印鑑を押して構わない」と言いました。その部下の方は、泣きたいほど嬉しかったそうです。

やりますね、この上司。なかなか太っ腹です。もし企画書に誤りがあったら、上司の責任です。見ていなかったという言い訳はできません。それを承知で印鑑を渡すというのは、本当に信頼している証です。口で言うより、よっぽど部下に伝わるでしょう。そうなると、部下もその期待に応えようとします。この方はそれ以降、以前とは比べ物にならないほど企画書の自己チェックをするようになったそうです。

信用される、任されるというのは部下にとってとても嬉しいこと。任されることで責任感も強まります。先の上司のように一気に任せるのも手ですが、それが現実的でないならば仕事の種類や金額で範囲を決め、「ここまでは任せる」というようにしてはどうでしょう。**任せる範囲を徐々に広げていくことが、成長を認める無言のメッセージになり、部下のモチベーションアップにもつながります。**

チェックして管理することだけが上司の仕事ではありません。これからは、「任せる」という手法も活用してはどうでしょう。

memo

仕事を任せれば、部下の責任感が強まる。徐々に任せる範囲を広げれば、モチベーションも上がる。

no.
44

仕事全体を見て評価してほしい

人事考課で広がる上司と部下の溝

人事考課について、不満を持っている部下は多くいます。人間誰しも高く評価されたいので、自分のことは贔屓目に見てしまいます。自分がされた評価に納得がいかず、「なぜ?」と聞いてくる部下もいます。上司が具体的な事実を挙げて説明したとしても、「それはわずかな部分。もっと全体を見て評価してほしい」となかなか納得しません。

上司にも言い分があります。全体を見るといっても限度があります。複数の部下がいたら、ひとりだけに集中していられません。それに、いつも注目していたら部下はイヤがるでしょう。

そもそも、考課は客観的にしているという自負があります。人事考課シートの記入は部下がいない場所、あるいは時間帯に行わなければならず、負担の大きい作業です。そんな大変な思いをしているところに、文句を言われたのではたまりません。

このように、人事考課をめぐる上司・部下の立場の違いは大きいもの。放っておけば溝はどんどん広がります。人事考課は部下のモチベーションに大きく影響するものなので、早めに溝を埋めておきましょう。

考課はよく切れる刃物を扱うように

理想は上司が確信を持って考課し、部下から何を聞かれてもきちんと説明できて納得させられるような状況です。そのためには、次の2つのことが必要です。

1つは、**期の始まる前に評価制度をきちんと部下に説明しておくこと。**「どうすれば報われるのか」というゲームのルールを明確にしておきます。そのためには、上司自身が評価制度を熟知している必要があります。

もう1つは、期中の記録です。記録が少ないと、「一部の仕事だけを見て評価している」と思われてしまいます。**少なくとも1つの考課項目に対し、3つ程度の事実の裏付けを用意しておきましょう。**それも期末だけでなく、期初からやっておく必要があります。これは、期末にあった出来事が評価に色濃く出る「期末効果」を避けるためです。

事前のルール説明と期中の記録に加え、もう1つ大切なことがあります。それは、「低い点をつける前に望ましくない行動があったら、部下を注意するということ」です。何も注意せずに考課でバッサリでは、暗闇で後ろから切りつけるようなもの。部下は納得せず、「なぜその時に言ってくれなかったのか」と上司に不信感を抱きます。だからこそ、きちんと注意することが大切なのです。

なお、注意の際は一度目はイエローカードで改善を待ち、それでも繰り返すようならレッドカードを出します。そうなったら、確信を持って該当項目に低い評価をつけてください。

ただでさえ大変な作業なのに、やるべきことが増えて面倒に感じる方もいるかもしれません。でも、部下の収入、ひいては生活に影響が出る大切なことです。**人事**

考課をする人になったということは、よく切れる刃物を持つようになったということ。正しく使う義務があるのです。

memo

事前のルール説明と考課項目の裏付けを複数用意する。
低い点をつける前に必ず一度は注意する。

no. 45

個性を尊重してほしい

自分のことをわかってほしい部下

いまの若い部下は、自分のことをわかってほしいという気持ちを強く持っています。また、上司の画一的な指導ややり方を押し付けるスタイルではなく、個性を尊重する指導を求めています。

上司の立場では、「こっちは大勢の部下を相手にしているんだから、そんな面倒なことを言わないでくれ」と思うでしょう。また、「個性を認めてほしい」という響きから「向いていることだけをやらせてほしい」「苦手な仕事を遠ざけてほしい」「弱みに目をつぶってほしい」などのニュアンスを感じ取り、甘えていると考える上司もいるかもしれません。

「個性を認める」ということに関する両者の溝は深そうです。ただ、ここには部下のモチベーションを上げるためのヒントがあります。

部下自身も知らない強みに気づかせる

個性を認めてほしいと願っている部下に、「どんな個性を認めて伸ばしてほしいの?」と聞いても、なかなかはっきりした答えは返ってこないもの。肝心のところがはっきりしていない状態で、願望だけがあるわけです。部下が求めているのは、**「自分もうまく言葉にできない強みに気づかせ、それを活かした役割や仕事を与えてほしい」**ということなのです。

上司の皆さん、付き合いきれないと思ったかもしれませんが、ちょっと待ってください。そこを解いてあげれば、部下のモチベーションは上がるのです。しかも、そんなに難しいことではありません。

例えば、負荷のかかる新しい業務を与える時に、「この仕事は正確性が大切だ。

だから正確な仕事をしてくれる君に頼みたい」と言ってみてください。部下の抵抗は軽減されるでしょう。単に仕事を振られたのではなく、自分の強みが認められた上で発注されたと受け取るからです。

部下が求める「個性を認めて伸ばす」ということは、そんなに大げさなことではありません。後は、部下の強みをどう見つけるかです。**注意すべきは、他の人と比べずに本人の中で相対的に強い部分を見つけてあげることです。**

それでも見つけられなければ、上司の目から見て直してほしいポイントに注目します。例えば、ある部下に対して「仕事が遅い」という不満があったとします。そして、その代わりどうなのかを考えてみるのです。きっと「仕事が正確である。丁寧である」といった強みのキーワードが見えてきます。多くの場合、**強みとは弱みの裏側にあるコインの裏表のようなものです。**

「仕事が雑である」部下は「すぐに着手し早く仕上げる」という強みがあり、「強引で周囲への配慮が足りない」部下は「目的に向けて真っ直ぐ進み成果をあげる」という強みがあり、「八方美人でリーダーシップがない」部下は「細やかな気配りができる」という強みがあると言えます。

弱みを改善させるための指導も必要ですが、そこを指摘するばかりではモチベーションは上がりません。裏側にある強みに目を向け、役割や仕事を与える時にはその点について言及しましょう。それが、モチベーションの向上につながります。

memo

業務を与える時には、部下の強みに言及する。弱みの反対側の強みに触れてモチベーションを上げる。

no. 46

期待をはっきり伝えてほしい

部下は何を求められているかわかっていない

部下の97％は上司の期待を正確に把握できていません。これは、私が14年間の講師生活の中で集めてきた1000組以上の上司・部下のデータから算出した数字です。上司に「部下に期待すること」を、部下に「上司から期待されていると思うこと」をアンケートに書いてもらい突き合わせて判定しました。

研修の場で、部下の皆さんに改めて上司から期待されていることを見せると、「もっと早く知りたかった」という答えが返ってきます。それはそうでしょう。知っていれば行動も違ってきたはずです。

一方、管理者研修に参加する上司の皆さんに「部下に期待していることをきちんと伝えていますか?」と聞くと、8割以上の皆さんが「伝えている」と言います。
このギャップはどこから来るのでしょう。

モチベーションにつながる期待のかけ方

部下に期待していることをきちんと伝えていると言い張る上司の皆さんに、「いつ、どのように伝えたか」と尋ねてもあまり明確な答えは返ってきません。ほとんどが、「日頃から、何かにつけて言っている」というような答えです。確かに伝えてはいるのでしょうが、それでは部下に届いていません。

部下にしっかり届けるには、「いまから君に期待することを言う」と宣言し、文書を渡し、きちんと説明します。「そんな面倒な…」と思うかもしれませんが、これは上司として部下を期待する方向に動かすために必要なアクションなのです。

期待は、部下のモチベーションアップにつながるものです。そのためには期待する内容にも注意する必要があります。私はこれまで部下層の研修資料として、上司に「部下への期待の手紙」を書いてもらってきました。その数は１０００通以上ですが、部下のモチベーションにつながるようなものは30%ぐらいでした。

　モチベーションの上がる期待とは、実現に2〜3年程度かかる難度の高いものです。日常的な注意に止まるような期待では、逆にモチベーションが下がります。例えば、「社内初の設計図面が書ける営業マンになる」などのような難度の高い期待は、部下のモチベーションにつながります。一方で「精算ミスをなくす」などの日常の心がけ的な期待では、部下のモチベーションは下がります。**期待するレベルが低いと、部下は「期待されていない」と感じる**のです。

　また、部下のモチベーションが上がるのは、㊺にも出てきた本人の強みを活かした期待です。相手が誰でも成立するような一般的な内容では、部下のモチベーションは上がりません。時折、複数の部下に同じ内容の期待を伝える上司がいますが、それはタイプの違うふたりの異性に同じラブレターを渡すようなもの。もらったほうも心を動かされないでしょう。

　期待を伝えるということは、上司と部下の意識を合わせるとともに、部下のモチベーションを上げる大切なアクションです。上司の意図する方向に意欲を高めながら、動かす方策と言ってもよいでしょう。ひとりひとりの部下に愛情を持って、高い期待を設定してください。

memo

部下への期待は、わかりやすく明示する。強みを活かした難度の高い期待を設定し、モチベーションにつなげる。

no.47

もっと仕事を教えてほしい

仕事を教えるために越えるべき2つの壁

部下に「もっと仕事を教えてください」と言われたら、上司として喜んでいいでしょう。それは、部下が上司を認めているからこそ出るセリフだからです。

この期待には上司として応えたいところ。しかし、そこには2つの壁が立ち塞がります。**部下に仕事を教えるには、「時間」と「教える技術」という壁を乗り越えなければならないのです。**

仕事を教えるには時間がかかります。プレイングマネジャーにとって、時間はいくらあっても足りません。仕事を教えてあげたくても、つい躊躇してしまいます。

また、教えを乞われるほど高いスキルを持った上司は、往々にして教えるのが下手です。仕事のスキルはマニュアルを読んで得たのではなく、わずかなヒントから試行錯誤して感覚的に身につけたものがほとんどだからです。いざ人に教えようとしても、なかなか体系立てて教えられません。

しかも、できる人にはできない人の気持ちや状況がわかりません。部下に仕事を教える過程で「どうしてここでつまずくのか？」とイライラすることが多くなり、精神的エネルギーを消耗していきます。

教える技術を身につけるための2つのポイント

時間と教える技術という2つの壁を同時に乗り越えるために、短時間で効率よく仕事を教えられる方法を考えます。そのためのポイントは「計画を作ること」と「やってみせること」の2つです。

まずは、計画を作ることの意義を考えてみましょう。仕事を教えるための計画を作ろうとすると、自分の持っているスキルを体系化せざるを得なくなります。例えば、アンケート解析という仕事があります。計画を立てる際に、「統計の基礎知識」「統計ソフトの使い方」「レポートテクニック」のようにスキルを分解する必要に迫られます。これにより自分が感覚的に実践してきたことが体系化でき、手順よくムダなく教えられるようになります。また、教える内容をブロック化できるようになり、進捗管理もしやすくなります。

次に、やってみせること。部下に仕事を教えるのを躊躇する上司は、土台となるスキルが少ない相手にどう説明してよいかわからず、説明に途方もない時間がかかると思っています。その時間を短縮するためには、やってみせるという方法が一番です。やってみせることで説明を大幅に省略でき、部下も短時間で全体像をつかむことができます。先ほどの例で言えば、小規模のアンケートを解析している姿を実際に見せるとよいでしょう。細かく説明しなくても、見ていればどんなソフトを使い、どんな手順で解析するのか理解することができます。

この他の時間短縮策としては、OJTだけでなく、社外のセミナーを活用することも有効です。例えば、上司が「統計の基礎知識」を講義で教えるのは時間がかかるので、社外の「統計基礎セミナー」に行かせて学ばせるなどです。

うまく人を育

てる管理職は、外部のリソースを積極的に活用します。このようにすれば時間も短縮できますし、精神的なエネルギーの消耗も低減できます。

いま、管理職である上司の皆さんも、自分に仕事を教えてくれた人のことは感謝の気持ちとともによく覚えているはずです。今度は自分がそういう存在になる番です。効率よく教える技術を身につけ、部下の期待に応えていきましょう。

memo

効率よく部下に仕事を教えるには、「計画を作ること」と「やってみせること」。

no. 48

計画的に指導してほしい

行きあたりばったりな指導に困惑する部下

職場で行うOJTの一番の問題は、計画的になされにくいことです。教えること自体を仕事にしている教官がやるわけではないので、やむを得ないことではありません。

しかし、上司の都合で行き当たりばったりに教えられると部下は困惑します。ある部下の方は、こんなことを言っていました。

「ウチの上司は、結構仕事を教えてくれるんですが、いつも突然なんですよ。いま、なぜそれを覚える必要があるのかも言ってくれませんし、それを覚えたらいつどんな仕事で活かせるのかも示してくれません。それに続きはいつ教えてくれるのかもわかりません。教えてくれるのはありがたいのですが、もう少し計画的にやってもらえると…」

せっかく仕事を教えているのに、もったいない話です。

では、どうすればいいでしょうか。

OJTを効果的にするコツ

OJTを効果的にするためには、「計画的」「継続的」「意図的」に行う必要があります。「計画的」とは、計画を作り、その通り実践することです。「継続的」とは、途切れることなく実施することを指します。「意図的」とは、スキルを教えたらそれを使う仕事を与える、というように教育と実務を連動させることです。

この3つの中で、私が最も重要だと考えるのは「計画的」です。継続性や意図を盛り込んだ計画を作り、実践すればよいからです。

部下から言われるまでもなく、OJTは計画的に行います。それで成果を出して部下が戦力アップすれば、上司としても助かります。

なお、指導計画については、工程表のようなチャートになっていればわかりやすいですが、形式にこだわる必要はありません。私のセミナーに来た入社2年目の方に、上司が彼のために作った育成計画を見せてもらいました。それはA4のコピー用紙に、手書きで箇条書きされたものでした。見た目はよくありませんが、「3年後の本人の姿への期待」「この1年間で成し遂げること」「四半期ごとの学習内容と取り組む仕事」といったポイントがきちんと書かれていました。本人はその計画を大切にしていて、上司への感謝を口にしていました。

形式にこだわって「そのうち作ろう」と先送りするよりも、箇条書きでもいいのでさっさと作ってしまいましょう。

memo

OJTで成果をあげるには、継続性と意図を盛り込んだ計画がカギ。箇条書きで構わないので、まずは作ること。

no.

49

チャンスを与えてほしい

部下が求めるチャンスとはどういうものか

多くの部下は、「上司は自分にチャンスを与えてくれていない」と思っています。部下は、レベルアップできる成長の機会を求めています。一方の上司は、いつも部下にチャンスを与えているつもりです。このギャップは、どこから来ているのでしょうか。

チャンスとは主観的なものです。例えば、全社プロジェクトのメンバーに推薦されることは、やる気のある部下にとってはチャンスですが、そうでない部下にとっては単なる厄介ごとでしかありません。部下の希望を把握せずに、上司目線でチャンスを与えたところで、そう認識されないのです。

日頃から、部下がどういうチャンスを求めているのかリサーチしておく必要があります。リサーチと言っても難しくはありません。**「仕事でどんなチャンスがほしい？」と部下に聞いてみればよい**のです。意外な答えが返ってくることが多いかもしれません。部下のことは知っているようで知らないもの。中には、答えられない部下も出てきます。それはやむを得ないこと。問われてはじめて、自分がどんなチャンスがほしいのか考え始めるのです。時期を置いて、繰り返し尋ねてみてください。

なお、チャンスと仕事の大小はあまり関係ありません。小さな仕事でも自分の志向にマッチしていれば、部下はチャンスと認識します。

memo

チャンスは主観的なもの。「仕事上、どんなチャンスがほしい？」と問いかけ、把握しておく。

no.

50

きちんとコーチングしてほしい

部下の求めるコーチングの意味とは

コーチングという言葉が一般的になった最近では、部下から「もっときちんとコーチングしてほしい」といった、上司がドキリとするセリフが出てくることがあります。本来、コーチングはカウンセリングをベースにした本人に答えを考えさせる指導のことを指します。しかし、部下が言っているのはそれだけではなく、指導のすべてが「コーチング」という言葉にくくられているのです。

「コーチングしてほしい」という要求は、「自分が成長できるように指導してほしい」という意味にとらえます。

「どうすればうまくいくと思う？」というようなコ

ーチング・アプローチだけでなく、「こうしたほうがいいと思うよ」というアドバイス、「もう力はついているから、やってみたらどう?」という提案、やってみせ、やらせるというトレーニング、すべてを期待されていると考えましょう。

上司としては、「ちゃんと指導しろとは、何様のつもりだ」と思うかもしれません。ただ、部下の一番の関心は自分の成長です。そのために、上司に適切な指導を期待するのは自然なこと。よい指導を行えば部下が育ち、結果的に部門にメリットをもたらしてくれることも確かです。

業務全体の中で指導に向ける意識を強め、時間を割く比率を高めていきましょう。

memo

コーチングだけでなく、アドバイスや提案、トレーニングなどのあらゆる働きかけをして部下を育てる。

おわりに

最後までお付き合いくださり、ありがとうございます。部下が上司に期待することを通じて、よりよいマネジメントにつなげていくヒントになったとしたら幸いです。

部下というのは不思議な存在です。自分の子どもでもないのに、面倒を見なくてはならない。他人なのに自分の子どもよりも長い時間一緒にいる。それなのに、さっぱり気持ちは伝わらない。それどころか、ことごとく自分のイメージとは違う方向に動く。時には上司を裏切る行動さえする。管理職であれば、一度は「部下など持たず、自分のことだけを考えて伸び伸びと仕事がしたい」と思ったことがあるはずです。

その一方で時々かもしれませんが、大きな喜びを与えてくれることもあります。部下が生き生きと仕事に取り組んでいる姿や、難しい仕事をやり遂げる姿を見ることは、上司として嬉しいもの。そして、部下が自分の下を離れた数年後に「あの時があったので、いまの自分があります」とわざわざ礼を言いに来てくれる。そんなことがあれば感涙ものです。

管理職にとって、ある意味部下は自分の上司よりも顧客よりも大きな存在です。今回は、そんな部下のことを考えてきました。

「はじめに」でも述べましたが、もともとは管理職も部下の立場でした。部下の経験があるのですから、部下の気持ちもわかるはずです。しかし、立場が変わると部下時代のことはすっかり忘れてしまうもの。これは仕方がないことです。

それに、自分の部下時代を思い出して比較したところで、時代が違いますからさほど意味はありません。身勝手に思えるものも含め、目の前の部下たちの声を受け止め、マネジメントに活かしていくほうが意味があります。本書はそのためのものでした。

前著『あなたが上司から求められているシンプルな50のこと』は部下向けの本でしたが、意外にも上司の皆さんが入手してくださり、部下にプレゼントすることが多かったそうです。もっとも部下の方々は「耳が痛いです」とあまり喜ばなかったようですが（笑）。逆に、この本は部下の方が入手して上司の机にそっと置くということがあるのかもしれません。

そう考えると、上司・部下の双方に煙たがられる本を書いてしまったわけですが、それで広がりつつある上司と部下の溝が少しでも埋まるなら、了解してもらえると思っています。

2012年10月　濱田秀彦

濱田 秀彦
はまだ ひでひこ

株式会社ヒューマンテック代表取締役。1960年東京生まれ。早稲田大学教育学部卒業。住宅リフォーム会社に就職し、最年少支店長を経て大手人材開発会社に転職。トップ営業マンとして活躍する一方で、社員教育のノウハウを習得する。1997年に独立。現在はマネジメント、コミュニケーション研修講師として、階層別教育、プレゼンテーション、話し方などの分野で年間150回以上の講演を行っている。これまで指導してきたビジネスパーソンは4万人超。おもな著書に『あなたが上司から求められているシンプルな50のこと』(実務教育出版)、『仕事を教えることになったら読む本』(アルク)など多数。

著者エージェント
アップルシード・エージェンシー
http://www.appleseed.co.jp

あなたが部下から求められている
シリアスな 50 のこと

2012年11月 5 日 初版第1刷発行
2024年 4 月 1 日 初版第7刷発行

著　者　濱田秀彦

発行者　淺井亨

発行所　株式会社 実務教育出版

〒163-8671 東京都新宿区新宿1-1-12

電話　03-3355-1812(編集)　03-3355-1951(販売)

振替　00160-0-78270

印刷　精興社

製本　東京美術紙工

ISBN978-4-7889-1060-7 C0034